健康ライブラリー　イラスト版

LDの子の読み書き支援がわかる本

尚絅学院大学総合人間科学系教授 **小池敏英** 監修

講談社

まえがき

近年の脳科学の進展には目を見張るものがあり、ＬＤ（学習障害）に関しても多くの知見が報告されるようになってきました。いっぽう教育の領域では、支援を重ねてＬＤを判断するモデル（五七ページ参照）が大切だという考えが提出されています。

私の研究室でも、読み書きが苦手な子どもたちの学習指導をおこなうなかで、重要なポイントがわかってきました。たとえば、ひらがなの文章を読むために大切なのは、ひらがな単語を流暢《りゅうちょう》に読むことの習得です。また、漢字単語の読み書きでは、漢字の部品を中心とした指導やイラストを活用した指導が効果的なことがわかりました。一回に指導する漢字の数を少なくして、すでに学んだ漢字の復習に時間をさくのが大切だということもわかってきました。

また、読み書きが低成績になることの要因についても、通常学級を対象とする調査研究をおこなってきました。その結果、聴覚記憶や視覚記憶などの認知要因とともに、読み書きの基礎スキルが低成績に大きく関わることを明らかにしました。ここでの基礎スキルとは、先ほどの指導のポイントにも重なる「ひらがな単語を流暢に読むスキル」や「漢字の部品をみつけるスキル」、そして「部首の知識に関するスキル」、「短文の関係を理解するスキル」などをさします。それらの基礎スキルを形成することで、読み書きの困難を解消していけるのです。

子どもに合った学習方法を提案して、その子の基礎スキルを育ててください。子どもが指導を受け、状態の改善を実感できると、その子がそれまでに抱いてきた「学習性無力感」（六四ページ参照）は軽減されていきます。

本書は、保護者がおこなう学習支援という観点で、これまでの研究で得られた成果や近年の知見をふまえて、実践的なアイデアをまとめたものです。読み書きの苦手な子を支援している方々の一助になれば、幸いです。

尚絅学院大学総合人間科学系教授
小池 敏英

ＬＤの子の読み書き支援がわかる本

もくじ

2 LD、ディスレクシアとはなにか……23

3 なぜ練習してもできないのか……35

5

家庭でできる読み書き支援12

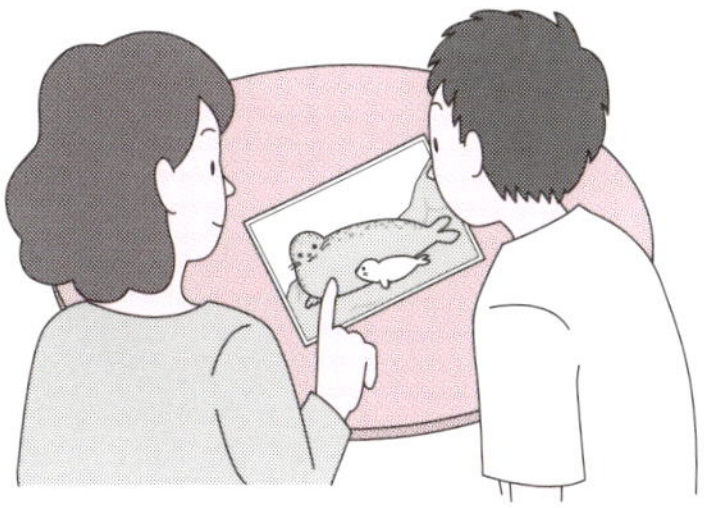

LDを理解しよう

「読み書きが苦手」にもいろいろある

1 LDの子の多くは、読み書きを極端に苦手としています。そのような状態を「ディスレクシア」と呼ぶこともあります。小学生になっても、ひらがなを間違えたりします。本人は一生懸命努力しているのですが、なかなかうまくいきません。

つらい体験を重ねるうちに学習への意欲を失い、授業に集中できなくなっていく子もいる

2 LDの子やディスレクシアの子は、がんばってもうまくいかないことが続くと、勉強してもむだだと思ってしまいがちです。親や先生も「勉強が苦手な子」だと考え、学習面では無理をさせないようにすることがあります。

そもそもLD、ディスレクシアって？

LDは学習障害。ディスレクシアは読字障害。
どちらも脳機能のかたよりによって
学習上の困難が起こっている状態です。
本人の努力の問題ではないことが
ポイントです。
（くわしくは1・2章へ）

3 困難が続けば、読み書きをさけるのも仕方がないのかもしれません。しかし、あきらめないでください。読み書きが苦手な子にも、その子に合った学び方が必ずあります。

読むのがたどたどしくても、文章の内容は理解できる子もいる。なにが苦手で、なにが得意なのか、くわしくみる必要がある

読み書きが苦手なのはどうして?

困難の背景には、視覚認知や音韻意識などの認知機能の弱さや、語彙《ごい》の不足などが関わっています。その詳細を知るためには、専門家に相談する必要があります。

(くわしくは３・４章へ)

4 じつは「読み書きが苦手」と一口に言っても、その特徴はさまざまに分かれています。字の形を見分けるのが苦手な子もいれば、読み方を覚えるのが難しい子もいます。

新しく学ぶ単語の意味や読み方に、事前に少しふれておけば、文章は読みやすくなる

5 子どもが読み書きのなかでもどんなことを、なぜ苦手としているのか。それがわかれば、その子に必要なサポート、その子が必要としている学び方もわかります。

LDを理解しよう

絵や会話など、支援の手立てもさまざま

文章を読む前に、関連の絵や写真、グラフなどをみて、文章中の単語について会話をしておくと、その文章の意味を理解するのが比較的簡単に

アザラシって、親子で色が違うこともあるんだね

6 みて学ぶタイプの子には絵や写真を、話し言葉がわかりやすい子には会話を活用しましょう。ほかにもさまざまな手立てで支援することができます。

大人はなにをすればよい？

専門家のたすけも借りて子どもの特徴を理解し、その子に合った方法でサポートをしましょう。子どもの学ぶ力を引き出すのです。

（くわしくは５章へ）

7 この本では読み書き支援の具体的なアイデアを多数紹介しています。家庭でも学校でも、今日から実践できるものです。学び方を見直すためのヒントとして活用してください。

1

読み書きが苦手な子どもたち

読み書きの困難は、多くの場合、
小学校に入学する頃から少しずつ目立ちはじめます。
ひらがなの読み書き、漢字の読み書き、文章の理解、計算など、
苦手とすることは子どもによって異なります。
学年によっても違いが出るため、
その子の特徴と年齢を合わせて考えていく必要があります。

Aくん（小学3年生）の場合

ひらがなの文章をうまく読めない

プロフィール

小3男子。視力が弱いわけではないのですが、単語や文章の読み書きでよく間違えます。漢字も苦手ですが、ひらがなの文章を読むことも難しく、3年生としてはそれが大きな悩みになっています。

1 Aくんは小学校に入る前から、ひらがなの文字がうまく読めていませんでした。小3になっても、単語や文章の区切れ目がよくわからないときには、字に指を当てて1文字ずつ読んでいます。

単語や文章の区切れ目だけでなく、小さい「っ」を読むのも苦手。宿題でよく間違えてしまう

たとえばこんな読み方に

- 「うでどけい」など単語を単語として読みとれず「うでど、けい」になる
- 「ちっとも」を「ちょっとも」と読む

お兄ちゃんに
明日の予定を伝えて
おいてくれる？
わかった

話し言葉であれば、正確に聞きとれる。家族への伝言も問題なくできる

2 Aくんは、会話にはとくに困っていません。話し言葉では間違えることが少なく、話はよく通じます。話すことには苦手意識がありません。

3 会話には問題がない。言葉は知っている。読み書きも、まったくできないわけではない。そのようなAくんは、LDやディスレクシアに当てはまるのでしょうか？

ポイント 気づいたら支援をはじめる

LDかどうかがわからなくても、子どもに読み書きを苦手とする様子がみられたら、支援をはじめましょう。支援をしながら、子どもの状態を理解していきます。
（57ページ参照）

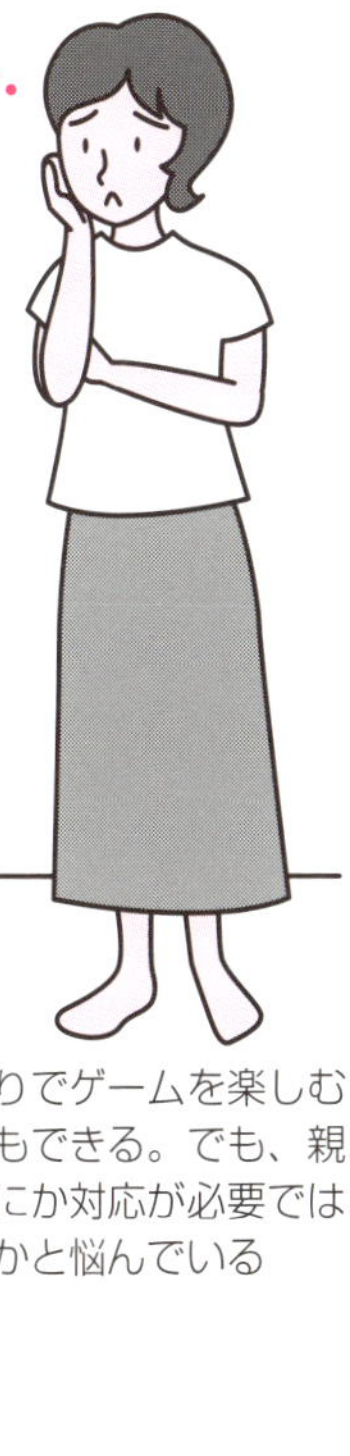

ひとりでゲームを楽しむこともできる。でも、親はなにか対応が必要ではないかと悩んでいる

Aくんへの対応

Aくんには音韻意識の弱さ（38ページ参照）や単語をまとまりとして読むことの弱さ（40ページ参照）があり、それが読み書きの困難につながっています。このタイプの子はやがて漢字単語の読み書きも苦手になることが多いため、早めにサポート（74・78ページ参照）をしたいところです。

Bくん（小学5年生）の場合

すでに習ったはずの漢字が読めない

プロフィール

小5男子。もともと読むこと全般が苦手でしたが、ひらがなの文章は読めるようになってきました。いまは漢字を読むことに苦しんでいて、漢字の単語がいくつも含まれる文章を読むときはたどたどしくなります。

1 Bくんは文章をそれなりに読めますが、漢字の単語のところでつっかえます。「中小」や「工場」など、小学5年生ではすでに習ったはずの漢字が読めないことがあるのです。難しい文字は、前後の文脈から読み方を推測して読んだりしています。

推測できないときには親や先生、友達に質問。自宅でパソコンをみるときも、親に聞きながら文章を読んでいる

たとえばこんな読み方に

- 「機械」を前後の文脈から「ひこうき」と読む
- 「製品」が読めず、先生に答えを聞く
- 「取り入れて」を「つくり入れて」と読む

「どうせ間違えて怒られるんだから、宿題なんてやらなくていいや」などと思ってしまう

2 Bくんは読み方を教えてもらって覚えようとしているのですが、それもうまくいきません。どの科目の教科書を読むときにも苦労するため、勉強自体が嫌になってきました。

ポイント

無力感をもってしまう

Bくんのように努力しても読み書きが上達しにくい子は、勉強してもむだだと考え、「学習性無力感」をもってしまいがちです。それを防ぐことが重要です。

（64ページ参照）

3 スポーツをしたり、友達と遊んだりしているときにはいきいきとしているBくん。つらい勉強をするよりも、好きなことに集中したほうがよいのでしょうか。

サッカー部の活動は大好きで、ルールを覚えることには問題がなく、メンバーとの仲もよい

Bくんへの対応

スポーツもよいのですが、勉強もサポートすれば十分にできます。漢字の読みの困難には、音韻意識の弱さや聴覚認知のかたより（38・43ページ参照）などが関わります。それらを補うために絵やエピソード（82・84ページ参照）を活用しましょう。

Cくん（中学1年生）の場合

漢字の単語を書くのが極端に苦手

プロフィール

中1男子。小学校低学年の頃は、ひらがなを読むのが苦手でした。その後、高学年になってひらがなは読めるようになりましたが、今度は漢字の読み書きに苦しんでいます。漢字をまったく違う形で書いてしまうことがあります。

1 漢字の単語を正確に書けないのが、いまのCくんの悩みです。棒が1本多いというようなこまかな間違いではなく、字を大幅に間違えてしまうのです。そのため、作文やほかの教科のテストでも、ひらがなの多い文章を書いてしまいます。

先生が黒板に書いた文字をノートに写すのも苦手。書きもらすことがよくある

たとえばこんな書き方に

- 「競争」を書こうとして、競が右のような字に 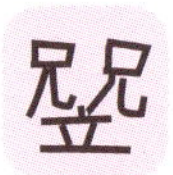
- 「設ける」を書こうとして右のような字に 

2 Cくんは小学校低学年の頃からさまざまな形で読み書きに悩んできているので、本人も親も、勉強が苦手だということは、受け止めつつあります。

家族で食事をしていても、勉強が話題に出ることはない

ポイント 学年によって特徴が変わる

学年が上がるにつれて、
苦手とすることがひらがなの読みから
漢字の読み、漢字の書きへと
変わっていく場合があります。
(20ページ参照)

3 親は「もう中学生だから」と考え、勉強のことでとやかく口を出すのはやめています。Cくんも、先生や親に相談することはほとんどありません。

Cくんは自分の部屋で、ひとりで勉強をしている。支援は受けていない

Cくんへの対応

漢字を書くことの困難には音韻意識や記憶（38・44ページ参照）から、部品意識（50ページ参照）まで、さまざまな背景が考えられます。書けない文字を部品に分けて関連づける（86・88ページ参照）などのサポートをおこないましょう。

Dさん（小学4年生）の場合

長い文章を読んで理解するのが難しい

プロフィール

小4女子。読み書きともに、一見、問題なくできています。漢字もひらがなも、あまり間違えません。しかし、読んだ内容を質問されると、うまく答えられないことがよくあります。文章の要点を読みとることが苦手なのです。

1 読み書きが苦手な子は教科書の音読で苦労することが多いのですが、Dさんはそれに当てはまりません。音読を指示されると、スラスラと読み上げます。しかし、読みながら意味や要点を理解することがうまくできず、表面的な音読になっています。

読みとばしたり間違えたりすることなく、音読できる。一見、読み書きが苦手とは思えない

たとえばこんな読み方に

- 「これは、私が小さいときに、村の茂《も》平《へい》という……」と読み上げることはできる
- 「しおれる」などの感情表現がよくわからない
- 「ごんはなぜ栗を置いたのか」など、話の筋が読みとれない

2 文章を声に出して読むことはできても、その内容を理解したり、登場人物の気持ちを考えたりすることは苦手です。先生にそのような質問をされると、答えにつまります。

兵十《へいじゅう》はなぜびっくりしたんでしょうか？
国語

話を読み終えたあと、その内容をたずねられると、うまく答えられない

ポイント

読めない理由はさまざま

読むことの困難の背景には、文字を読みとばすような視覚的な理由もあれば、Dさんのように読解に苦しむパターンもあります。人それぞれ、理由はさまざまです。
（36 ページ参照）

3 親はDさんがあわてて読むから内容が頭に入らないのだと考え、ゆっくり丁寧に読むように教えています。しかし、Dさんの読むスキルはなかなか上達しません。

「よく読めばわかるでしょう。ここがポイントよ」と言われても、よくわからない

Dさんへの対応

論理的思考力の弱さや語彙の不足（46・48 ページ参照）などが、文章読解の困難につながっています。Dさんの場合、読み方ではなく内容の理解の問題なので、写真資料の活用や文章の整理術（94・96 ページ参照）で理解を補うことが支援になります。

Eさん（小学6年生）の場合

算数の計算問題やグラフ課題が解けない

プロフィール

小6女子。読み書きも少し苦手ですが、それよりも大きな悩みが算数です。筆算で書き損じて答えを間違えたり、グラフを使った課題でよくミスをしたりします。算数の授業がある日は気がふさいでしまいます。

1 Eさんはとにかく算数が苦手で嫌いです。テストでは計算問題もグラフへの記入も間違えてしまい、ほとんど正解できないこともあります。自分は一生、算数ができるようにならないと思っています。

予習・復習もして、テストにも集中してのぞんでいるのだが、うまくできる気がしない

たとえば こんな読み方・書き方に

- 演算記号や小数点を見落として計算ミス
- 筆算で数字を書く位置を間違える
- グラフで示された値を読みとれない

2 ほかの教科も得意というわけではなく、Eさんには勉強全般への苦手意識があります。宿題やテストに対して強いストレスを感じています。

「算数なんてできなくても生きていけるからいい」などと愚痴を言っている

ポイント

LDには計算の困難もある

LDにはさまざまな特徴があります。読み書きの困難のほかに、計算や話すこと、聞くこと、推論することなどの困難がみられる場合もあります。
（28ページ参照）

家事をよく手伝うため、料理などの生活スキルはよく身についている

3 ただ、Eさんは勉強のストレスを家族との生活や友達付き合いで解消できています。読み書き全体の困難ではないので、無力感もそれほど強くありません。

Eさんへの対応

見落としや位置の間違いなどの原因として視覚認知のかたより（40ページ参照）や記憶の弱さ（44ページ参照）が考えられます。補助線などを使って（92ページ参照）学びやすくする工夫が有効です。

ひと目でわかる

幼児から高校生まで、年代別の特徴

読み書きが苦手な子どもたちは、多くの場合、
幼い頃から同じ文字でつまずき続けるわけではありません。
読み書きは少しずつ上達していきますが、学年が上がれば
また新たな文字を習い、そこで新たな悩みを抱えるのです。

年代別の特徴

幼児（～6歳）

幼児期には絵本や文字を読みたがらないことがある。文字の左右が反対になる鏡文字がみられることもあるが、この年代では一般的なことなので、読み書きの困難とはいえない

ポイント 幼児期にはまだわからない

小学校入学前は、まだ半数以上の子が文字を正確に読めません。鏡文字になる子も多く、この段階では読み書きの様子をみても困難があるかどうか、なかなかわかりません。

小学1～4年生（7～10歳）

低学年ではひらがなの文字の読み書きが苦手に。鏡文字が引き続きみられる。文章を読むときにひらがなの単語をまとまりとして認識できず、たどたどしい読み方になる子も。中学年からは漢字の読み書きの困難が目立つ

小学校に入ると、音読で何度も失敗したりして、苦手なことが表面化してくる。本人が悩みはじめる

中学生くらいになると、読み書きの失敗が目立つだけではなく、勉強への意欲の低下もみられるようになる

ポイント 高学年に気づきやすい

小学校高学年になると、練習しても読み書きが上達しないことが目立ってきます。ただ苦手なだけではなく、なんらかの背景があることに、本人や親、先生が気づきはじめます。LDやディスレクシアがわかるのも、多くの場合、この時期です。

小学5~6年生（11~12歳）

ひらがなの読み書きは上達してくるが、漢字の読み書きの困難が続く。とくに「以前」「調節」など、文字から内容をイメージしにくい漢字単語の扱いが苦手に

中学生（13~15歳）

漢字単語を書くことの困難が目立ちやすい。また、英語の読み書きに苦しむ子が出てくる。英単語の読み方を何度習っても間違えたりする

高校生以降（16歳~）

困難は続いているが、本人なりの読み書きのスキルが身についてくる。文脈や挿絵、会話によって内容を補い、文章の意味を理解したりしている

大人になっても読み書きは苦手?

LDやディスレクシアは、脳機能のかたよりによって、読み書きの困難が引き起こされている状態です。そのかたよりは先天的なもので、小学生から中学生になっても、さらには大人になっても、基本的には残ります。

ただし、脳機能がかたよっていても、それを補う方法を身につけていけば、読み書きの困難は減ります。子どもが適切なサポートを受け、自分に合ったやり方で学べるようになれば、読み書きのスキルは育っていきます。

本書はそのために、さまざまな子どものための学び方や支援を紹介しているのです。

読み書きは苦手なままでも、自分に合った学び方や働き方をみつけて能力を発揮している人も多い

COLUMN

英語の読み書きに苦しむ子も

英語の特徴
●文字の種類はアルファベットの26種類
●文字数と音の数が合わないことが多い
●文字をまとまりとして読むスキルがとくに重要

日本語の特徴
●かな、漢字など文字の種類が多い
●ひらがな1文字に1つの音が対応する
●さまざまなスキルを総合的に使う

日本語と英語では読み方が違う

日本語と英語は、文字の使い方や読み方が異なります。そのため、日本語の読み書きを苦手とする子が、必ず英語も苦手になるかというと、そうではありません。

英語は使う文字数が日本語に比べて少なく、いっぽう、発音の仕方は日本語に比べて複雑です。

確かな研究成果が出ているわけではありませんが、英語学習では文字の形の識別が、日本語ほど強く求められない可能性があります。それよりも、英単語をまとまりとして読む力や、文字と音の変換のほうが重要になりそうです。

形と意味で覚えるタイプには難しい？

英語圏でLDを研究する専門家のなかには、音韻意識（三八ページ参照）の障害がLDやディスレクシアの中心的な要素だと考えている人もいます。

実際に、音韻意識が弱くて日本語の小さい「ょ」を苦手としている子が、小学校でローマ字を習ったときに「RYO」などの読み書きが身につきにくく、その後の英語学習も苦手とした例もあります。

日本語の読み書きの困難が、英語の読み書きの困難とどのように関連しているのか、その詳細を探る研究が続けられています。

2

LD、ディスレクシアとはなにか

読み書きを苦手にしていて、
努力しても状況が改善しない子どもは、
やがてLDやディスレクシアと見立てられることがあります。
どちらも脳機能のかたよりによって
読み書きの困難が起きている状態をさす言葉です。
それぞれの定義を確認しておきましょう。

LDとは

教育と医療ではLDのとらえ方が違う

LDの定義は、ひとつではありません。教育界と医療界ではLDのとらえ方が異なり、定義も分かれています。

「D」のとらえ方が違う

教育でも医療でも学習障害のことをLDといいますが、略語は同じLDでも、じつはDの意味はそれぞれに違います。

LD

L
Learning
Lのとらえ方は
教育・医療ともに同じ。
Learningで、
学習という意味

D
教育
Disabilities
教育の分野では、
LDの子の困難を能力的に
学習しにくい状態としてとらえ、
Disabilityと呼んでいる

医療
Disorders
医療の分野では、
LDの子の困難を
機能的な障害ととらえ、
Disorderと
呼んでいる

※ほかにも、学習するのが多くの人より難しいという意味でDifficultiesとしたり、学習の仕方が多くの人とは違うという意味でDifferencesとしたりする見方もある

学ぶことが難しいという点は同じ

LDにはさまざまなとらえ方がありますが、違っているのは細部です。LDの子にとって学ぶことは難しく、そのため支援を必要としているという基本的な姿勢については、教育でも医療でも変わり

LDの医学的定義

●DSM－5の「限局性学習症（Specific Learning Disorder）」の概要

アメリカ精神医学会の診断基準DSMではLDの特徴として、読むことの難しさ（不的確で遅い、意味が理解できない）、書くことの難しさ（字を正しくつづれない、考えを書き出せない）、計算関連の難しさ（数の概念や計算、数学的な推論が身につきにくい）といった例を示している。それらの特徴を6項目に分類し、いずれかが6ヵ月間持続することを、LDの診断基準の中心においている。

また、そのほかに年齢相応の発達がみられないこと、生活上の支障があること、困難が学齢期にはじまること、ほかの障害や環境的要因では説明できないことなども、定義のなかで示されている。

●ICD-10の「学力[学習能力]の特異的発達障害(Specific Developmental Disorders of Scholastic Skills)」の概要

WHOの診断基準ICDでは特異的読字障害、特異的綴字［書字］障害、特異的算数能力障害［算数能力の特異的障害］などに分類されている。また、発達早期からみられること、学習機会の欠如のためではないこと、認知過程の異常が関係していることなども示されている。

医学的には読み書きと計算が学習面の主な障害だとされている。認知機能などの障害であり、環境的要因だけでは説明できないことなどは、教育的な定義と共通している。

定義が分かれている

教育と医療ではLDのとらえ方が違うため、定義も分かれています。日本では文部科学省やアメリカ精神医学会、WHO（世界保健機関）が発表したものがよく使われています。

LDの教育的定義

●文部科学省による定義の概要

①全般的な知的発達に遅れはない。
②聞く、話す、読む、書く、計算する、推論する能力のうち、特定のものの習得と使用に著しい困難を示す。
③障害の原因として、中枢神経系になんらかの機能障害が推定される。
④視覚障害、聴覚障害、知的障害、情緒障害などの障害が直接の原因ではない。
⑤環境的な要因によるものではない。

読み書きと計算に加えて聞く、話す、推論するも含まれ、範囲が広い。また、定義の補足として学習上の困難の結果、行動面の問題が起こることも指摘されている。

はありません。ですから、定義の違いにあまりとらわれず、子どものことを理解・支援していきましょう。

なお、本書は学習の困難を幅広くとらえる教育的な見方を参考にして、話すことや聞くこと、推論の難しさにもふれていますが、それと同時に医学的な検査や診断の重要性もふまえて、LDを総合的に解説しています。

概要は、髙橋三郎／大野裕監訳、染矢俊幸／神庭重信／尾崎紀夫／三村將／村井俊哉訳『DSM-5　精神疾患の診断・統計マニュアル』（医学書院）、融道男／中根允文／小見山実監訳『ICD-10　精神および行動の障害　―臨床記述と診断ガイドライン―』（医学書院）、文部科学省「学習障害児に対する指導について（報告）」をもとにまとめたものです。

ディスレクシアとは

LDのなかでもとくに読み書きの困難

LDは学習面の困難を総合的にさす言葉です。それに対してディスレクシアは、読み書きの困難をさします。

LDの一部がディスレクシア

本書は、LDがあって読み書きを苦手としている子どものための支援を紹介しています。そのような子の状態を、LDではなくディスレクシアと呼ぶことがありますが、これは読み書き障害を意味する神経心理学の用語です。

LDは、学習面の困難を全体的にさす言葉です。そのなかの一部がディスレクシア（厳密にいえば発達性ディスレクシア）に当たります。

LDの子の八割程度には読み書きの困難がみられるともいわれているので、LDの子の多くはディスレクシアとも呼べる状態だと考えてよいでしょう。

もともとはギリシャ語

ディスレクシアは、神経心理学の分野で使われている言葉です。ギリシャ語を語源としていて、もともとは「読むことはできない」という意味を持っています。

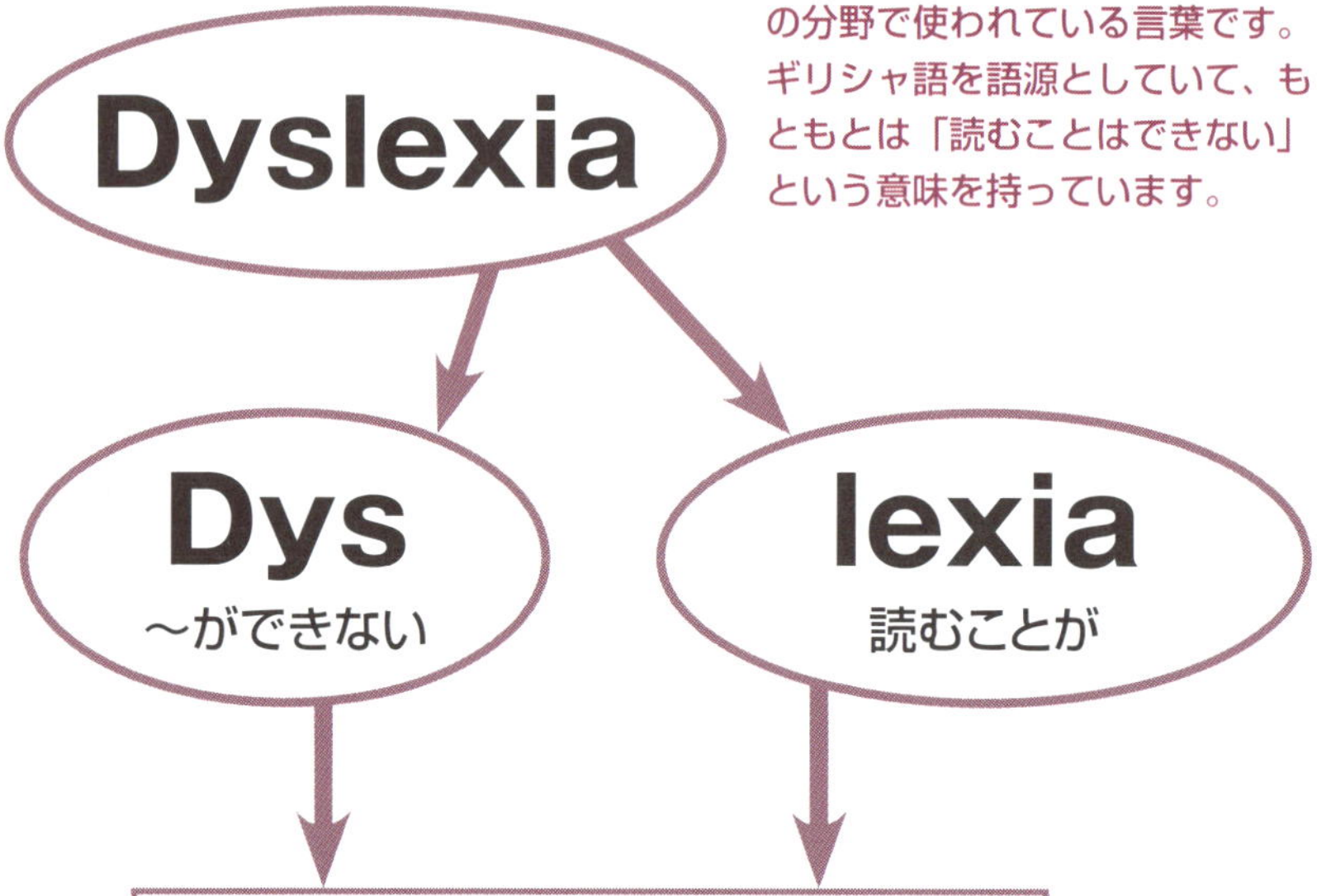

「読むことができない」という言葉なので、日本では「読字障害」「難読症」「失語症」などと訳されることもあるが、実質的には、ディスレクシアは読むことだけでなく、書くことなどそのほかの困難も含む「読み書き障害」としてとらえることが多い。

子どもの困難は「発達性ディスレクシア」

本書で解説しているような、子どもの頃から読み書きの困難がみられる状態を「発達性ディスレクシア」といいます。先天的な脳機能のかたよりから引き起こされていますが、その影響で二次的な障害が起こりやすいことにも注意が必要です。

●国際ディスレクシア協会の定義

ディスレクシアは、神経生物学的原因に起因する特異的学習障害である。その特徴は、正確かつ（または）流暢な単語認識の困難さであり、綴りや文字記号音声化の拙劣さである。こうした困難さは、典型的には、言語の音韻的要素の障害によるものであり、しばしば他の認知能力からは予測できず、また、通常の授業も効果的ではない。二次的には、結果的に読解や読む機会が少なくなるという問題が生じ、それは語彙の発達や背景となる知識の増大を妨げるものとなり得る。

音韻意識の弱さ
などがあり、読み書きが難しい。
学習の根本的な難しさがある

▼

読解の問題や語彙・知識の
不足など、学習面の二次的な
つまずきが生じやすい

「発達性」と「獲得性」がある

ディスレクシアは大きく２つに分かれています。子どもの頃からみられる「発達性」と、ケガや病気によって困難が生じる「獲得性」です。

「知識の不足」という二次的なつまずきが起こる。友達に「そんなことも知らないの」などと言われてしまう

ケガや病気による「獲得性ディスレクシア」

すでに読み書きを習得した人が、事故や脳の病気による脳機能障害で、読み書きのスキルを失ってしまうことがあります。そのような場合を「獲得性ディスレクシア」といいます。LDや発達性ディスレクシアとは異なり、医学的な治療やリハビリで対応していきます。

定義の日本語訳は宇野彰／春原則子／金子真人／ Taeko N. Wydell 著『小学生の読み書きスクリーニング検査　―発達性読み書き障害（発達性dyslexia）検出のために―』（インテルナ出版）より

読み書き以外の困難

計算や会話が苦手な子もいる

LDの子には、読み書き以外の困難がみられることもあります。それらの悩みにも対応しましょう。

暗算が苦手。小学校中学年になっても、指を折って数えないと計算できない

LDのさまざまな特徴

本書はLDのなかでも主に読み書きの困難に対する支援を紹介していますが、LDにはほかにもさまざまな特徴があります。それらの特徴と読み書きの困難がどちらもみられる場合もあります。

計算が苦手

計算のスキルが年齢相応に育っていかない。視覚認知や聴覚認知のかたより、記憶の弱さ、注意力の弱さなどが原因として考えられる。それらを補う対応によって、本人に合った計算方法が確立されていく。

- 九九がなかなか覚えられない
- くり上がりやくり下がりを間違えやすい
- 筆算で数字や記号をよく見落とす
- 図形やグラフを正確に読みとれない
- 文章読解が苦手で、文章題がうまく解けない

読み書きの困難と重なる場合も

医学的には読み書きと計算、教育的にはそれらに加えて会話や推論の困難が、LDの特徴として定義されています。それらは別々のものですが、重なる場合もあります。読み書きが苦手な子のなかには計算や会話、推論を苦手としている子もいるのです。

読み書き以外の困難がある場合には、それらの特徴への対応も必要となります。とはいえ、学習面の困難は同様の原因から引き起こされることが多いため、読み書き支援が計算などの支援にもつながります。読み書きを中心に、子どもの学習面全般を支援していくように心がけましょう。

先生の話にいつも集中しているのに、聞きもらしがある。忘れ物が多い

聞くことが苦手

口頭で聞いたことの要点を理解したり、覚えたりするのが難しい。聴覚認知のかたよりのほかに音韻意識や記憶、注意力の弱さなども関わっている。視覚的な手がかりを使って支援する。読み書きができる場合は重要な単語だけでもメモして、あとで読む習慣をつけるとよい。

- ●話を正確に聞きとるのが難しい
- ●聞きとることはできるが、要点が理解できない
- ●指示を忘れて、別のことをしてしまう

話すことが苦手

質問されたときに、要点を話して答えるのが苦手。語彙の不足や論理的思考力の弱さなどが原因として考えられる。「いつ」「誰が」などの5W1Hや、因果関係の整理の仕方などを教えることが支援になる。

- ●質問に「ない」「わからない」と答えることが多い
- ●「昨日の出来事」などを相手に伝えるのが難しい

学校であったことを親に説明しようとするが、話がなかなか伝わらない

こづかいを使ったあとなのに、またマンガを買おうとする

推論が苦手

事実や法則などに基づいて、推論することが難しい。記憶や論理的思考力の弱さなどが原因として考えられる。図表やイラストなどを使って話を整理し、見直したり読み上げたりする作業を教えるとよい。

- ●出来事を時系列にそって整理するのが苦手
- ●とっぴな考えや行動が目立つ

LDのほかにADHDとASDがある

LDのように、特定のことが極端に苦手で、発達がアンバランスになることを発達障害といいます。ADHDやASDなどの種類があります。

発達障害は重なり合う

LDは発達障害の一種です。発達障害にはほかにADHDやASDなどの種類があり、いくつかの障害が重なって現れることもあります。LD以外の発達障害も知っておきましょう。

LD

学習障害。限局性学習症ともいう。読み書きや計算、会話、推論のうち一部が極端に苦手で、年齢相応の学習能力がなかなか育たない。苦手な部分の支援が必要

ADHD

Attention-Deficit/Hyperactivity Disorder、注意欠如・多動症。不注意、多動性、衝動性が特徴的で、落ち着きのなさが目立つ。周囲が対応の仕方や環境を調整するとよい。薬物療法をおこなうこともある

ASD

Autism Spectrum Disorder、自閉スペクトラム症。対人関係の困難とこだわりの強さが特徴的で、空気の読めない人だと評価されがち。本人やまわりの人が特徴を理解し、生活を調整すると困ることが減る

発達障害にはほかにも知的障害（知的発達症ともいう）やDCD（発達性協調運動症）などが含まれる。DCDは体の動かし方の障害で、書くことの困難につながる

発達障害とは

脳機能にかたよりがあり、発達の仕方がアンバランスになっている状態。それによって生活上の支障が出たときに発達障害と診断される。神経発達症群とも呼ばれる。

重複することは珍しくない

発達障害が重複するのは、珍しいことではありません。LDの特徴がみられる場合、ADHDやASDなど、ほかの発達障害が併存している可能性があります。

くわしくは専門家に相談しなければわかりませんが、複数の発達障害が併存している場合、読み書きの困難にも複数の背景が関わっています。

LD以外の発達障害のことも理解し、総合的に支援していく必要があります。

ADHDやASDも読み書きに関わる

LD以外の発達障害の特徴が、読み書きの困難に関わっている場合があります。その場合にはLDとは異なる支援が必要となります。

ADHDの子は字がうまく書けずにイライラすると、ペンでノートを叩いたりすることがある。多動性が現れる

ADHD
注意散漫になってしまい、読みとばしや書き損じが多くなりがち。また、力のコントロールが苦手で、字を書くと乱雑になる子もいる。丁寧な読み書きを強く求めすぎないほうがよい

ASD
言葉や文章の意味をとり違えやすい。とくに感情表現や慣用句などが苦手。また、一度覚えた意味や文字の形、書き順などに固執することがあり、保護者や教師が教えてもやり方をなかなか変えられない

DCDがある子は姿勢の維持や丁寧な動作が苦手で、長時間読み書きをすることが難しい場合がある

LDと知的障害の違いはなにか

知的障害は、知的能力の発達に遅れがみられる状態です。WISC《ウイスク》（六二ページ参照）などの知能検査によって診断されます。読み書きに困難がありますが、それだけでなく、知的能力全般の発達に遅れがあるのが特徴です。

LDの場合、読み書きの困難はあっても、知的能力には大きな遅れはみられません。そのため、LDの診察では知能検査と読み書きの検査をおこないます。

発達障害とは

脳機能のかたよりだと考えられている

発達障害は、先天的な脳機能のかたよりによって引き起こされています。本人の努力不足ではありません。

本人や保護者の努力不足が原因ではない

　読み書きがうまくできなかったとき、子どもは自分の努力が足りないからこんなに失敗するのだと考えがちです。保護者や教師も同じで、もっとがんばればできるはずだと思い、子どもについ練習を求めてしまいます。

　しかし、ここまで解説してきた通り、読み書きが苦手なことには、背景として先天的な脳機能のかたよりが関わっている可能性があります。

　その場合、読み書きが苦手なのは本人の努力不足のせいでも、保護者のしつけがよくなかったわけでもありません。本人や保護者が責任を感じる必要はないのです。

LDで読み書きが苦手な子は、2〜3歳の頃、絵本に興味を示さないことが多い

おおもとは脳機能のかたより

　読み書きが苦手になるのは、視覚認知のかたよりなど、さまざまな原因があるから。その原因のおおもとは、脳機能のかたよりです。これは先天的なもので、本人や家族が引き起こしたことではありません。

脳機能のかたより

脳機能が働いていないのではなく、かたよっている。そのため、読み書きは苦手でも会話は得意など、アンバランスに発達する

先天性のもの

特徴は生まれながらに存在するもの。幼児期にはまだ目立たない場合もあるが、遊び方などに少し特徴が出ることもある

読み書きは苦手でも、明るく話しかけるのが得意なら、それをいかして学習にとりくむ。わからないことを気軽に聞くようにする

かたよりを直すのではなく補う

発達障害の場合、脳機能のかたよりは生涯続きます。根本的に直すことはできません。直そうとするよりも、そのかたよりを補ったり、いかしたりして、生活上の支障をとりのぞくことに集中しましょう。

発達障害への対応の基本

かたよりに気づく

対応の第一歩は、発達障害に気づくこと。どのような特徴があり、どんな悩みにつながっているのか、理解する

できる・できないを理解する

苦手な面があるいっぽうで、得意な面もあることに意識を向ける。子どもの全体像を理解しようとする

できないことを苦にする

読み書きなど苦手な面を気に病んでいると、できないことに意識が向いてしまい、自己否定的になりがち

サポートを受けてがんばる ○

得意な面をいかしながら、苦手な面はサポートをするという暮らし方ができ上がっていく

訓練して直す ×

できないところを訓練して直そうとしても、効果が出ない。自信を失い、なにごとにも消極的になっていく

COLUMN

読み書きに困っている子は数十万人

明らかに困っている子が数十万人

文部科学省が二〇一二年に、発達障害に関する調査結果を発表しました。その調査によると、全国小・中学校の通常学級に、読み書きに著しい困難を示す子が二・四パーセントいたそうです。

総務省の統計によると、子どもの総人口は二〇一四年の時点で小学生が約六五〇万人、中学生が約三五〇万人です。合わせて約一〇〇〇万人なので、そのうちおよそ二・四パーセントが読み書きに苦労しているとすると、約二四万人が該当することになります。

実際にはそれ以上の子が困っているはず

いっぽう、監修者が小学二年生から六年生までの子ども約一〇〇〇人に漢字のテストや読み書きの検査を実施した研究では、異なる結果が出ています。漢字の読みでは一割程度、漢字の書きでは三割程度の子が、すでに習った字の読み書きに苦労していました。

文部科学省がLDに該当するような「著しい困難」を調べた結果は全体の数パーセントでしたが、LDの可能性がある子も含めて、読み書きに困っている子を調べると、全体の一～三割が当てはまる可能性があるのです。そこまで視野を広げて支援していく必要性を感じます。

学習で著しい困難を示す子
4.5%
（全国に約450,000人）

「読む」または「書く」に著しい困難を示す子
2.4%
（全国に約240,000人）

文部科学省初等中等教育局特別支援教育課「通常の学級に在籍する発達障害の可能性のある特別な教育的支援を必要とする児童生徒に関する調査結果について」より。ここでいう「学習」とは読む、書く、計算する、聞く、話す、推論するのうちいずれかまたは複数。

3

なぜ練習しても できないのか

LDの子が、一般的な方法で読み書きを練習しても
なかなか上達しないのは、脳機能のかたよりがあるからです。
子どもによってかたよっている部分は異なり、
視覚や聴覚が深く関わっている場合もあれば、
記憶や論理的思考力に弱さがみられる場合もあります。
苦労のわけは、多種多様なのです。

子どもたちが読み書きを苦手なわけ

ひと目でわかる

LD やディスレクシアの子は、読み書きがまったくできないわけではありません。読み書きという一連の作業のなかで、どこかに苦手なことがあり、困っています。原因は子どもによって違うのです。

読み書きの困難の原因

の弱さ

①音韻意識の弱さ

文字と音をむすびつけることが難しい。たとえば、読み書きのときに文字が抜けたり、多くなったりする

（38 ページ参照）

②視覚認知のかたより

ひらがなの単語をまとまりとして読むことが難しい子と、文字の形や位置をうまくとらえられない子がいる

（40～42 ページ参照）

「板書を書き写すのが苦手」という場合に、視覚認知がかたよっていることもあれば、記憶の働きが弱いこともある

左図の機能やスキルのほかにも環境的要因（54 ページ参照）や補償的スキル（54・65 ページ参照）が読み書きの困難に関係している。それらの要素によっては、困難が軽減されることもある。

どこかに弱さやかたより、不足があると読み書きが苦手に

ポイント
スキルはサポートしだいで十分に育つ

部品意識の弱さや語彙の不足などは、どちらかといえばスキル的（行動的）なレベルの要素。比較的調整しやすい部分なので、支援によって伸ばしていきましょう。子どもは得意な方法で学習できれば、スキルを十分に増やしていけます。

ポイント
認知の面は無理せず補うことに

視覚や音韻意識などは、どちらかといえば認知的なレベルの要素。変わりにくい部分なので、無理に整えようとせず、ほかの方法で補いましょう。たとえば視覚認知の弱い子には、聴覚認知をいかした学び方を教えます。

スキルの未発達

⑤論理的思考力の弱さ
文章を読み上げることはできるが、その意味を正確に把握することが難しい。文章の要点がつかめない
（46 ページ参照）

⑥語彙の不足
言葉を知識として習得することが苦手。読み書きのときに、適切な言葉がなかなか出てこない
（48 ページ参照）

⑦部品意識の弱さ
文字（とくに漢字）をいくつかの部品に分けて覚えるのが苦手。画数の多い漢字がなかなか覚えられない
（50 ページ参照）

認知機能

③聴覚認知のかたより
音を聞き分けることや、聞いて記憶することが難しい。読み方の習得に苦労している
（43 ページ参照）

④記憶の弱さ
読み方や書き方をなかなか覚えられない。ほかの子と同じやり方、同じ時間で覚えるのは難しい
（44 ページ参照）

原因① 音韻意識の弱さ

「文字と音の変換」がうまくできない

読み書きのときに文字が抜けたり多くなったり、小さい「っ」が大きくなってしまったりするのは、音韻意識の弱さからくる悩みです。

よくある悩み

「でんしゃ」を「でんしや」と書いてしまう

音韻意識の弱さは、ひらがなの読み書きのミスとして現れやすいものです。小さい「ゃ」を大きい「や」で書いてしまったり、単語の文字が抜けたり多くなったりします。

話はしっかり聞きとれているのに、文字として書き起こすと書き間違いが多い

しりとりがうまくできない。最後の文字から次の単語へ正しくつなげられず、苦労する

「でんしゃ」や「きって」のように小さい字が入る単語の読み書きで間違える

テストで正しく書いたつもりなのに間違いだとされ、嫌な気分に

読み書きの困難の中心的な背景に

音韻意識の弱さはひらがなの読み書きの困難を引き起こしますが、じつはそれだけで終わりません。ひらがなの読み書きを苦手としている子は、そのまま支援が得られなければ、やがて漢字の読みにも苦労する傾向があります。どの漢字をどう読むのかが、わからないのです。漢字が読めない状態では、漢字を書くのも苦手になりやすく、困難は拡大していきます。

音韻意識の弱さは、読み書きの困難の中心的な背景といってもよいかもしれません。

ひらがなの書き間違いは一見軽い問題のようですが、あとにつながる重要なことなのです。

悩みの背景

文字と音を変換するスキルが育っていない

音韻意識とは、音のイメージをもつこと。音のイメージがあれば、音を聞いて文字を思い浮かべること、文字をみて音をイメージすることができます。

文字をみても読み方がわからない。思い出そうとするが、ほかの単語の読みと混同する

文字を音に変換できない

単語や文章をみたときに、それが頭のなかで音に変換されない。正しい読み方がわからず、推測したり記憶をたどったりして読もうとする

音を文字に変換できない

読み上げられた単語や文章を、文字に変換することが苦手。書き起こすのに時間がかかるうえに間違いも多い

ポイント

音の抽出・分解が必要に

音韻意識をもつためには、単語から読みがなを音として抽出し、それを１文字ごとに分解するプロセスが必要になります。たとえば「電車」から「でんしゃ」を抽出し、それを「で」「ん」「しゃ」に分解します。この作業ができないと、読み書きのミスが出やすくなります。

先生の話を書きとめようとしても、文字がうまく思い浮かばず、その間に話が進んでしまう

では次のページへ

対応法

文字と音を記号で表現して覚える

音の抽出・分解を、遊び感覚で習得しましょう。おはじきなどの道具を使って、音を視覚化すると、音韻意識の弱い子にもわかりやすくなります。文章の区切りを視覚的に強調することで、音の区切りを読みとりやすくするのもひとつの工夫です。

第５章の読み書き支援①③④⑩へ

原因② 視覚認知のかたより

文字や単語をすぐには見分けられない

読み書きの困難を引き起こす原因のひとつが、視覚認知のかたよりです。単語の把握に時間がかかったり、文字の形や位置をとらえることが苦手になったりします。

悩みに二種類の背景がある

視覚認知のかたよりは、大きく二つに分けることができます。「ひらがなの単語をまとまりとして読むことの弱さ」と「形や位置をとらえることの弱さ」です。

どちらも視覚が関わっているという点では共通していますが、それぞれに悩むポイントや必要な対応法が異なるため、分けて考える必要があります。

子どもの読み書きに見間違いや見落としが多い場合には、その背景に視覚認知のどちらのかたよりがあるのか、よく観察しながら対応していきましょう。

専門家に相談し、詳細を聞くことも大切です。

よくある悩み

見間違いや見落としが多い

悩みのひとつは、読み書きで見方のミスが多くなることです。文字や記号の見間違いや見落としがあります。

書き文字の左右が入れ替わったり、鏡像になって「鏡文字」になったりする

形を識別するのが苦手。一度学習しても「林」を「森」と間違えてしまう

読書中に1行読みとばしたり、読んでいるところがわからなくなったりする

算数の小数点やグラフの線、点の位置を間違えて読んだり書いたりする

→ 悩みの背景2へ

きょう、わたしは、えんそくにいきます。

すきなのりものは、じぇっとこーすたーです。

見知っている単語はまとまりとして読む

見知らぬ単語は１文字ずつ読んでいく

悩みの背景１

まとまりとして認知する力が弱い

目の動きの観察研究から、人間はひらがなの文章を読むときに、２～４文字をまとまりとして認知していることが明らかになっています。その力は小学１～３年生で育つものですが、読み書きが苦手な子には、その弱さがみられることがよくあります。

通常は記憶をもとにして、見知っている単語はまとまりとして認知できるが、それが難しい子がいる

単語を読むのが苦手

ひらがなの単語をまとまりとして読むことが苦手で、文章を読みこなせなかったり、読むのに時間がかかったりする子もいます。

ひらがなの単語をまとまりとして読めない。「はやし」を「はや」「し」と区切る

長い単語を途中で読みつまる

文章を最初から1文字ずつ読んでいき、内容がうまく理解できない

→悩みの背景１へ

対応法　単語を目になじませる

文字数の少ない単語を読むことからはじめましょう。読ませたい文章からいくつかの単語を選び、その単語をカードに書いたりしてみせ、文字のまとまりを単語として目になじませます。単語を流暢に読めるようにすることで、文章の音読の改善をはかります。

第５章の読み書き支援②③④⑧⑩⑪へ

悩みの背景 2

形や位置を うまくとらえられない

眼球運動や視空間認知など、視覚に関わる機能のどこかにかたよりがあり、見方のミスが起こりやすくなっています。読み書き以外の活動でも、形や距離感をうまく把握できないことがあります。

視空間認知のかたより
みたものを空間としてとらえ、形や大きさ、位置などを正確に把握する機能にかたよりがある

眼球運動の弱さ
目を動かす機能が弱く、視点をうまく移動できない。文字を読みとることや探すことに時間がかかる

視覚認知にかたよりがあると、人が投げたボールをうまくキャッチできなかったりする

対応法 会話を活用して覚えていく

クイズやゲームの形式で、楽しみながら文字や単語を目になじませるようにします。わかる文字や単語が増え、読み書きしやすくなります。聴覚がよく働いている子の場合は、文字の形や単語の意味を親子で語り合うなどして、話し言葉で理解を補うとよいでしょう。

第５章の読み書き支援②③④⑧⑩⑪へ

「ビジョン・トレーニング」で改善する?

子どもの視覚認知を改善する方法のひとつに「ビジョン・トレーニング」があります。視線を動かしたり、なぞり書きをしたりして、視覚認知の働きを整えるトレーニング法です。必ずしも読み書きの改善につながるとはかぎりませんが、視覚認知のかたよりがある場合にはひとつの支援法として検討するのもよいでしょう。

※ビジョン・トレーニングについてくわしく知りたい方は、北出勝也監修『発達障害の子のビジョン・トレーニング』（講談社）をご覧ください。

原因③ 聴覚認知のかたより

音の聞き分けが苦手で、学習しづらい

読み書きに使うのは目で、耳は関係ないと思うかもしれません。しかし、じつは聴覚も読み書きに重要な役割を果たしています。

外国語を聞くときのような状態

声を聞きとることが苦手なばかりに、文字を耳で覚えられず、言葉の習得が遅れて読み書きが苦手になっているケースもあります。

そのような子どもには、外国語のように聞こえている単語があるのだと考えてみてください。その子の苦労がよくわかります。

単語をうまく聞きとれず、その内容がよくわからないまま、とにかく読み書きをしなければならないのだとしたら、学習が遅れるのも当然でしょう。

聴覚認知にかたよりがある子には、聴覚以外で単語の読み方や文章の内容が理解できるような学習法が必要です。

悩みの背景

聞きとる過程のかたより

読み方などを聞いて習得するためには、多くの音のなかから必要な音を選び、しっかりと聞きとって覚えなければなりません。その過程のどこかにかたよりがあります。

聞いて区別する
人の話を生活音などと区別すること、発音された通りに聞きとることが苦手

聞いて記憶する
人の話や自分の発言を覚える「聴覚記憶」が弱い子もいる

よくある悩み

聞いて覚えるのが苦手

言葉を聞いたり読み上げたりして、耳で覚えることが苦手です。九九が身につきにくかったり、単語の読み方を間違えて覚えていたりします。

対応法

視覚的な手がかりを使う

単語カードやイラストを視覚的な手がかりとして活用しましょう。スキルが定着しやすくなります。また、苦手ではありますが、単語を聞きとる経験も適度にとり入れていきたいものです。

第５章の読み書き支援②③④⑤⑥⑦⑪へ

原因④　記憶の弱さ

「ワーキングメモリ」など記憶の働きが弱い

教わったことが知識として定着しにくい場合には、記憶力の弱さが考えられます。とくに漢字を読むことの困難には、ワーキングメモリの弱さが関わっています。

よくある悩み

読み方や書き方をなかなか覚えられない

読み書きをするためには字の形や読み方、意味を覚える必要がありますが、それが苦手な子がいます。一度教えてもらっても、次の機会にはまた忘れているのです。

教わってもできないことが続くため、勉強してもむだだと考え、意欲を失っている
漢字の読み方や書き順などを、何度教わっても覚えられない。毎回、人に聞いている
げんりょう？ざいりょう？どっちだっけ

何度も聞いて覚えたはずなのに「資料」が読めない。自分が嫌になってしまう

読み書きが知識として定着しにくい

読み方も書き方も、教えてもらえば理解でき、教わっているときには問題なくできるのに、後日自分で同じようにくり返すことができないという子がいます。

ワーキングメモリが弱いために、教わった情報やそのイメージをくり返し使って、知識として習得していくことが難しいのです。

とくに難しいのが、抽象的な意味の漢字を読むこと。「以前」や「性質」など、具体的なイメージがつかみにくい単語を覚えるときには、文字と読み方を機械的に反復することが重要です。ワーキングメモリが弱い子は、そのような学習が苦手なのです。

悩みの背景

記憶のなかでもワーキングメモリが弱い

　ワーキングメモリは、ものごとを一時的に覚えて使うための機能です。この機能が弱い子は、読み書きを一度教えてもらっても、それを反復して使うことがうまくできないため、教わったことがスキルとしてなかなか定着していきません。

ワーキングメモリ

短期的に記憶を保持
人の電話番号などを記憶するときの働き。一時的に覚え、メモをとったら忘れてしまう

短期的に記憶を保持・操作
会話や暗算をするときの働き。情報を一時的に覚え、それを使う。作業記憶ともいう。音で覚える「言語性」とみて覚える「視空間性」がある。保持・操作をくり返して長期記憶する

ワーキングメモリと長期記憶をどちらも使って、ものごとを覚えている

長期記憶
長期的に定着している記憶。自分の名前や住所、一般的な語句、体験したこと、車の運転など。この記憶が弱いと、語彙が増えにくくなる

ワーキングメモリが弱い子は、人がランダムに読み上げた数字を復唱することがうまくできない

対応法

教材を使って覚えやすくする

　情報を頭のなかで整理したり確認したりするのは苦手なので、単語カードやイラスト、写真、エピソードなどを教材として使い、見直したり聞き直したりしやすい環境をつくりましょう。

第５章の読み書き支援②③⑤⑥⑦⑧⑨へ

原因⑤ 論理的思考力の弱さ

文章のつながりがよくわからない

文字を読むことはできているのに、文章の要点をつかむのが苦手で、結局「よく読めていない」と評価されてしまう子がいます。

読み書きはできるが要点がよくわからない

文字を識別でき、文章を流暢に読むこともできるのに、それでも「読むのが苦手」だという子がいます。文章の読解に困難があり、文字を読んでもその要点がうまく理解できないのです。

このタイプの子は、音読はできるのですが、読んだ内容について聞かれると、うまく答えられません。心理描写を問うような難問だけでなく、事実をたずねるだけの問いにも苦労しがちです。

読解が苦手な子はそれだけでも読み書きが困難になりますが、さらに語彙の不足や記憶の弱さがある場合には、文章の要点の理解はより難しくなります。

よくある悩み

文章の要点がつかめない

単語も文章もしっかり読めているのに、その内容をなかなか理解できないという子がいます。書くときにも、作業としては問題ないのですが、書いている内容が要領を得ないものになりがちです。

会話をしていても、相手と話がかみ合わないことが多い
黙読も音読も流暢に、間違えずにできるが、読んだ要点を理解できていない
作文をすることはできるが、話が前後したりして読みにくいものになる

作文をして提出すると、読みにくいから書き直すように言われる。しかし直し方がわからない

会話でも同じことが起こる。友達の話を聞いても内容が頭に残らず、トラブルのもとに

悩みの背景

頭のなかで情報をうまく整理できない

文字としては読めているのに意味が理解できていないという場合には、論理的思考力の弱さが考えられます。読みとった内容を整理したり、分析したりすることがうまくできないのです。

読むことは十分にできる
文字の形を識別したり、読み方を覚えたりすることはできている。流暢に読み進めていける

→ **情報処理ができない**
読みとった内容を理解することが難しい。文章のつながりや、文章全体のテーマが読みとれない

→ **読んだ内容を答えられない**
文章の内容について質問されたときに、適切な答えを話したり書いたりすることが難しい

対応法

因果関係をわかりやすく示す

論理的な考え方の例として、原因と結果の関係をわかりやすく示しましょう。文章のなかから、原因と結果をそれぞれ書き出して図式化することを教えます。文章を読む前に、単語カードや写真などで内容を予習させるのもよい方法です。

第５章の読み書き支援④⑪⑫へ

原因
文章のなかから、出来事を引き起こした原因を探して書き出す

⇄

結果
文章のなかから、原因によって引き起こされた出来事を書き出す

「原因がある、だからこのような結果になった」という関係と「結果が出た、なぜならこのような原因があったから」という関係を、図式で理解する

原因⑥ 語彙の不足

使いこなせる言葉がなかなか増えない

語彙の不足も、読み書きの困難につながるひとつの要素です。「あれ」「これ」とよく言っている場合は注意が必要です。

言葉を知らないから読み書きに苦労している

語彙の不足は、読み書きの困難を引き起こし、それがさらに語彙の定着を妨げるという、悪循環を形成しがちです。支援をおこなって語彙を補い、悪循環を断ち切る必要があります。

語彙が増えにくいことの原因として、記憶力や論理的思考力の弱さ、ＡＤＨＤやＡＳＤの特性など、さまざまな要素が考えられます。そのため支援も総合的におこなっていきましょう。

支援によって語彙が増えていけば、読み書きしやすくなり、さらに語彙を増やしていけます。支援しだいで悪循環を好循環に変えることができるのです。

よくある悩み

適切な単語が思い浮かばない

語彙が乏しい子は、単語の読み方や書き方を間違えることがよくあります。その文章に必要な言葉を思い浮かべることができず、間違えたり、「あれ」「これ」で済ませたりします。

「舌」と書くべきところを「下」と書いたりする。文字の意味がよく理解できていない

長い文章を読むときに、ひらがなや漢字の単語をうまく読めなくて、止まってしまう

読み書きでも会話でも、固有名詞を使わずに「あれ」などの指示代名詞で済ませることが多い

なんでも「あれ」と言うので、話したり書いたりすることが、相手になかなか伝わらない

悩みの背景　文字や単語の意味を理解するのが苦手

文字の意味をなかなか理解できない子がいます。言葉を知識として習得することに苦しんでいる場合もあれば、記憶力（44ページ参照）や論理的思考力（46ページ参照）が弱い場合もあります。

単語の理解が難しい
読み書きが苦手なために、語彙が増えにくい。それがますます読み書きを苦手にする。記憶力の弱さも関わっている

文字の理解が難しい
文字の形と音は識別できているが、意味を合わせて理解できていない。論理的思考力の弱さやASDの特性などが考えられる

対応法　生活を例にして言葉を覚える

通常の読み書きでは語彙が増えにくい場合、本人が生活のなかで実感できている言葉を覚えることからはじめるとよいでしょう。具体例をあげ、写真やエピソードも活用しながら語彙を増やしていきます。

第５章の読み書き支援③④⑤⑥⑨へ

「案内」は社会科見学で工場の人がしてくれたこと、というように例を出して言葉を覚える

ADHDやASDの特性が関わっている

語彙の不足や言葉の使い方の困難に、LD以外の発達障害が関わっていることもあります。

ADHDの子は、語彙は十分にあっても、落ち着いて読み書きできず、「あれ」「これ」という指示代名詞が増えることがあります。

ASDの子には、言葉をその意味の通りにとらえる特性があります。慣用句や誇張表現が理解できず、「足を伸ばす」を言葉通りに受け止めて誤解するなど、意味を読み違えることがよくあります。

それぞれの特性を理解し、配慮する必要があります。

原因⑦ 部品意識の弱さ

漢字の部首やパーツが覚えられない

かなも漢字も、いくつかの部品からできているものがほとんどですが、その部品を意識すること（ここでは「部品意識」と呼びます）や、記憶することが苦手な子がいます。

文字の細部をよく覚えていない

ひらがなのとめやはね、漢字の部首など、文字の細部を間違えやすい子がいます。文字を部品に分けて覚えることが苦手なのです。

このタイプの子は、かなも漢字もそれなりに扱えるため、読み書きが苦手にみえないことがあります。しかし文字を正確に習得することが難しく、書き損じが多かったりして、本人は悩んでいます。

一見、読み書きができているようで、こまかなミスが多いという場合には、「部品意識」を確認してみるとよいでしょう。

文字を部品に分けること、部首を答えることが難しい子は「部品意識」が弱く、支援が必要です。

よくある悩み

漢字をパーツに分けて覚えるのが苦手

漢字をなかなか覚えられない子のなかに、字をへんやつくりに分けて覚えることを苦手としている子がいます。ひらがなでも、書き順やとめ、はらいなどを間違えたりします。

かなや漢字の書き順がなかなか覚えられない。自己流で書いている
部首がなかなか覚えられない。同じ部首の漢字を考えるのが苦手
指は手へんでしょう。わからない？
かなや漢字を書くときに、はらいやはねを忘れることが多い

なかなか書けないでいるときに、ヒントとして部首を教えてもらっても、やはり書けない

悩みの背景　文字を組み立てるスキルが育ちにくい

文字をいくつかの部品に分けたときに、部品の名前や形、位置、意味を知識として習得することに時間がかかります。視覚認知や聴覚認知のかたよりなどが関わっていて、一般的な学び方ではなかなか覚えられません。

部品の名前を覚えられない

「手へん」や「はね」などの名前を教わっても、それを聴覚的に覚えるのが難しい。また、意味を聞いても身につきにくい

部品の形を覚えられない

部品の形や位置を視覚的に覚えるのが難しい。１画分見落としたり、はねを忘れたりして、結果として字を間違える

対応法　分割して得意な方法で覚える

その子が得意な方法で部品を覚えられるように、支援しましょう。視覚認知が弱い子には部品を読み上げて覚える方法、聴覚認知が弱い子には部品をみて覚える方法などが有効です。

第５章の読み書き支援⑦⑧へ

「部品意識」と読み書きの関係

小学2～3年生

漢字の読み書きテストで点数が低い子に共通の傾向として、漢字を複数の部品に分ける「部品検出」の困難がみられた

小学4～6年生

漢字の読み書きテストで点数が低い子に共通の傾向として、漢字の「部首位置」を答えることの困難がみられた

部分の困難が全体の困難に

部首の理解が苦手というと、小学校高学年になって難しい漢字が出てきてからの悩みだと感じるかもしれませんが、じつはそうではありません。

小学生に漢字の読み書きのテストをしてみると、「部品意識」が弱い子は、小学二年生から漢字の読み書きともに低成績になりやすいという結果が出ました。

低学年でも、「部品意識」が弱い子には支援が必要です。

原因を理解する

苦手にもいろいろあることを知っておく

読み書きの困難には、さまざまなことが原因として関わっています。複雑な背景があるということを、まずは知ってください。

まず知ることからスタート

子どもの読み書きの悩みにはなんらかの原因があり、それは本人の努力だけでは対処しきれないものだということを、まず知ってください。

LDやディスレクシアの本を読めば、基礎知識が得られる。読み書きが苦手なのは本人の努力不足のせいではないことがわかる

さまざまな原因を知る

読み書きの困難にはさまざまな原因があり、本人や間近でみている親でもその詳細はわからないということを理解する

子どもの努力と苦労を知る

子どもはもう十分に努力をしていて、それでも読み書きがうまくできず、苦しんでいるのだということを知っておく

知っておくだけでもだいぶ違う

ここまでに解説した通り、読み書きの困難にはさまざまな原因があります。原因がひとつにしぼれることもあれば、複数の要素が関わっていることもあります。

原因がわかれば対処法もみえてくるわけですが、本人や親が生活のなかで困難の原因を正確に把握することは、難しいでしょう。

本人や親は、読み書きが苦手なのは本人の努力不足ではなく、それ以外のなんらかの原因があるからだということを、まずは知ってください。それだけでも理解の第一歩としては十分です。

そのように理解したうえで、専門家への相談をはじめましょう。

くわしいことは専門家に聞く

困難を引き起こしている原因や、それに対する支援の方法を親がつきとめることは難しいでしょう。くわしいことは、医師や教育関係者など、専門家に聞いてください。

専門家の見立てを参考にしながら、子どもがとりくみやすい教材を用意するなどの読み書き支援を実践する

子どもの特性を知る

専門家に相談し、子どもの特性（特有の性質）を聞く。さまざまな原因があるなかで、子どもに当てはまることがわかる
（くわしくは第４章）

その子に合ったサポートをする

子どもの特性を理解したうえで、その子に合った支援をおこなう。専門家に相談しながら、支援を調整していく
（くわしくは第５章）

親ができるのは気づくこと

親が子どもの様子をみて、読み書きに苦労していることの原因を読みとるのは、簡単ではないでしょう。子どもに記憶の弱さなどを感じる場面があるかもしれませんが、それだけで原因を探り当てたと断定するのは危険です。

親ができるのは、原因を特定することではなく、それらしい場面に気づくこと。日々の気づきをまとめておき、医師などの専門家に相談するようにしてください。

くわしく調べるのは専門家の仕事

読み書きの困難やその原因を調べ、支援の方法を考えるのは、専門家の仕事です。くわしいことは専門家に聞きましょう。

その際、親としての気づきを具体的に伝えることができれば、専門家の判断の参考になります。

COLUMN

学習環境も要因のひとつに

環境による影響はゼロではない

読み書きの困難は、子ども本人の努力不足によって起こることではありません。原因は視覚認知のかたよりや音韻意識の弱さなど、各種の脳機能にあります。

ただし、親や先生の教え方、本人の学び方、使う教材、生活環境といった要素が、困難にまったく影響しないというわけでもありません。それらは「環境的要因」として、困難に関わっています。

読み書きを苦手とする子が支援を一切得られない環境にいれば、困難はより厳しくなります。

環境は困難を引き起こす原因にはならなくても、苦労を増やす要因にはなるのです。

環境の変化で困難が軽減することもある

学習環境が困難に多少なりとも影響しているということは、環境を見直せば、困難が軽減する場合もあるということです。

本書で紹介しているさまざまな読み書き支援は、環境面の見直しにつながるものです。支援はさらに、読み書きの能力を補う補償的スキルの習得（六五ページ参照）にもつながっています。

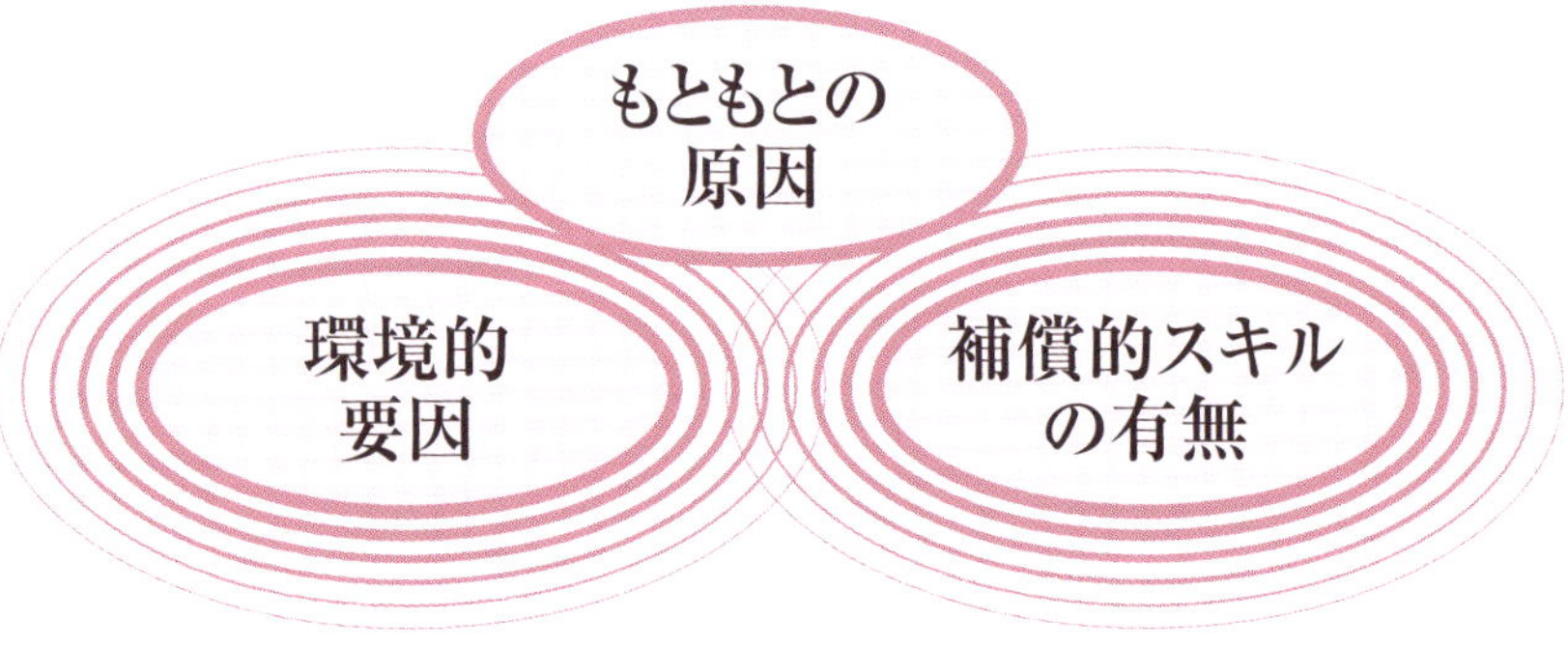

もともとの原因と環境的要因、補償的スキルの有無がからまり合って、読み書きを難しくしている

4

専門家に相談し、支援をはじめる

子どもが読み書きを苦手としていることがわかったら、
くわしいことがわかるまで様子をみようとせず、
わかった段階で支援をはじめましょう。
親が子どもの状態を理解し、手探りで対応するのも
けっして悪いことではありませんが、
早く専門家に相談したほうが、より適切に支援できます。

相談

読み書きの困難がわかったらまず対応を

子どもが読み書きに困っている様子に気づいたら、こまかいことを考えず、まわりの人に相談し、対応をはじめましょう。

LDかどうかわからなくてもよい

LDと判定されるのは、知的能力と学力が一定以上に離れたときです。それは医学的にも教育的にも共通しています。

その判定にしたがって対応する考え方を「ディスクレパンシー(乖離《かいり》)モデル」といい、かつては読み書きの困難にそのモデルで対応するのが一般的でした。

しかし、判定を待っていては支援が遅れるため、現在では「RTI(介入への反応)モデル」で対応することが増えてきました。LDかどうかわからなくても、子どもが困っていたら支援をおこない、その反応をみて次の手を考えるというモデルです。

以前は診断ありきの対応だった

以前は、子どもがLDの医学的な定義や教育的な定義に当てはまる状態になったときに、相談や支援をはじめるのが一般的でした。しかしそれでは支援が遅れがちになるという問題がありました。

しばらく様子をみる
子どもが読み書きに悩むことがあっても、しばらくは一般的な教育を続け、本人にも努力をうながし、様子をみる

LDの診断が出る
一般的な教育や学習では状態がなかなか変わらない場合に、専門家に相談する。子どもによってはLDの診断が出る

支援をはじめる
診断にしたがって、専門的な支援をはじめる。読み書きが苦手なわけを本人やまわりの人が少しずつ理解していく

ポイント

支援が遅れがちだった

問題を確認してから動きはじめるのは「wait to fail(失敗を待つ)」式の対応です。それでは支援も遅れがちなので、現在は見直されつつあります。

RTIモデル

RTIは「Response To Instruction（介入への反応）」の略。支援（介入）をおこない、その効果（反応）によって、その後の対応を調整するという考え方。近年、LDの支援や診断にはこのモデルが導入されることが増えている。

いまは待たずに相談・支援

現在は、診断を待たずに相談や支援をはじめることが多くなっています。読み書きの困難がみられたらひとまずなんらかの対応をとり、その結果をふまえて、専門家への相談を検討します。

① すべての子どもへの教育・指導

通常学級の授業。読み書きの得意・不得意に関係なく、すべての子どもに対して一定の教育・指導をおこなう。その結果、読み書きを苦手とする子がいたら、②の支援を検討する。

100%

② 発達が気になる子への補足的な支援

読み書きを苦手とするのは、通常学級の2割程度の子。まだ「発達が気になる」という段階で、多くの子に診断は出ないが、その時点で対応をスタートする。可能であれば通級指導教室などで、その子に合った補足的な支援をおこなう。

この段階で相談・支援

読み書きが苦手だと気づいた段階で相談・支援をはじめれば、状態の悪化を予防できる

20%

従来、読み書きが苦手なのは③の段階の子で、全体の5%程度とみられていた。しかし現在では、②の段階にいる20%程度の子が支援を必要とすることがわかってきた

③ 個別の支援を必要とする子への対応

補足的な支援をおこなっても状態が改善しないのは全体の5%程度の子。その場合、診断が出る可能性が高くなってくる。通級指導教室や療育機関などで個別の支援、専門的な支援をはじめる。

5%

相談

勉強のことは学校や地域の教育センターへ

読み書きが苦手なことに気づいたとき、身近な相談先となるのが学校です。より専門的なことを聞きたいときには教育センターなども利用しましょう。

学校が頼りに

全国の学校で、LDなど発達障害がある子どもへの特別支援教育がおこなわれています。まずは学校に相談してみましょう。その後、必要に応じて教育関連の専門機関や、医療機関にも連絡をとっていきます。

教育関連機関

学校

通常学級

いま通常学級に在籍しているのであれば、最初の相談先は担任の先生。保護者として気づいたことを伝え、校内委員会や通級につないでもらう

保護者

子どもが明らかに困っているという場合には、早い段階で医療機関への相談を検討してもよい。早期に診断がつけば、それだけ早く専門的な支援を受けられる

医療関連機関

医療機関

LDの検査や診断をおこなっている。子どもの状態を医学的にくわしく知りたい場合に相談する

（60〜63ページ参照）

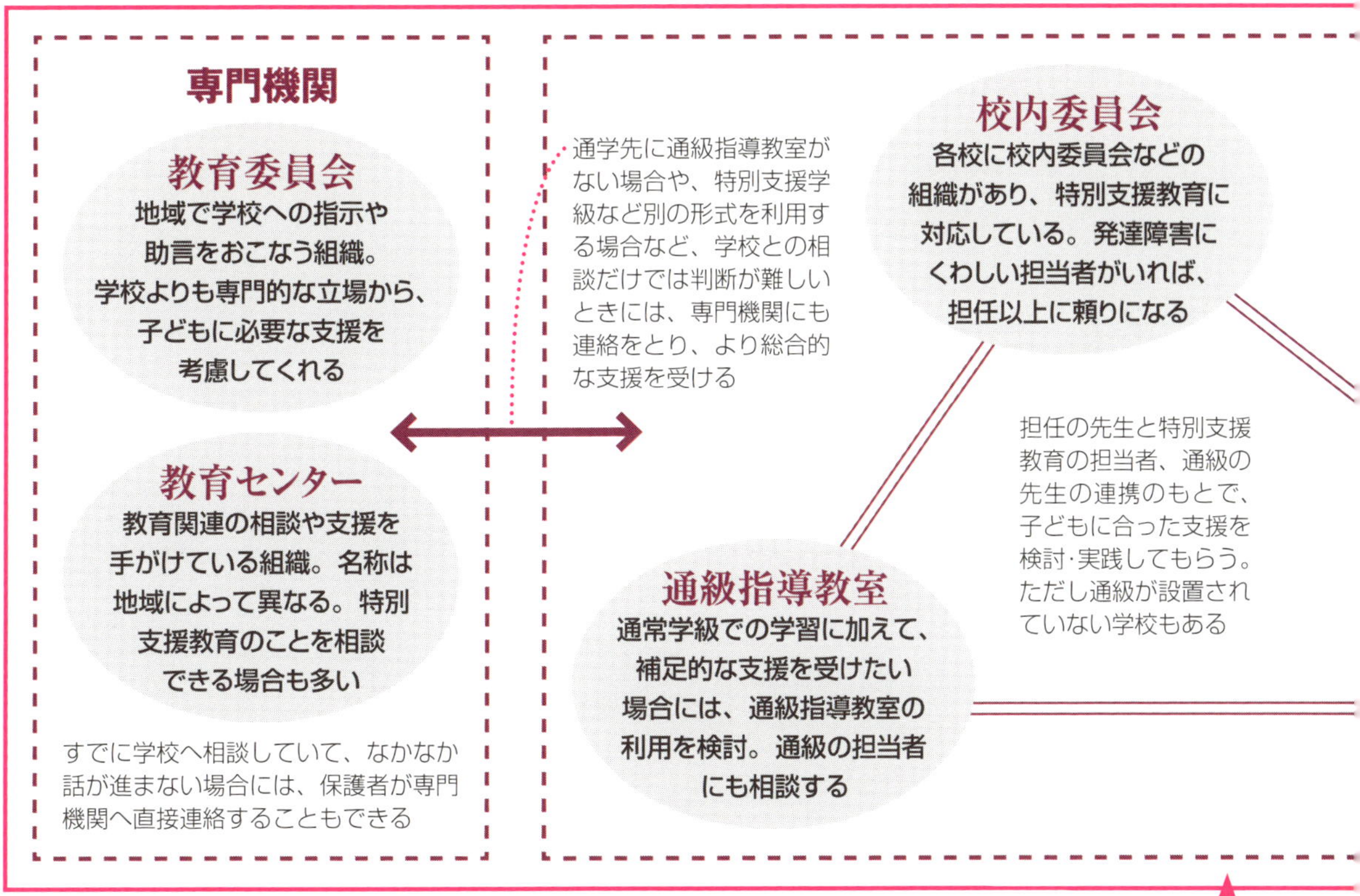

専門機関
教育委員会
地域で学校への指示や助言をおこなう組織。学校よりも専門的な立場から、子どもに必要な支援を考慮してくれる
教育センター
教育関連の相談や支援を手がけている組織。名称は地域によって異なる。特別支援教育のことを相談できる場合も多い
すでに学校へ相談していて、なかなか話が進まない場合には、保護者が専門機関へ直接連絡することもできる
通学先に通級指導教室がない場合や、特別支援学級など別の形式を利用する場合など、学校との相談だけでは判断が難しいときには、専門機関にも連絡をとり、より総合的な支援を受ける
校内委員会
各校に校内委員会などの組織があり、特別支援教育に対応している。発達障害にくわしい担当者がいれば、担任以上に頼りになる
担任の先生と特別支援教育の担当者、通級の先生の連携のもとで、子どもに合った支援を検討･実践してもらう。ただし通級が設置されていない学校もある
通級指導教室
通常学級での学習に加えて、補足的な支援を受けたい場合には、通級指導教室の利用を検討。通級の担当者にも相談する

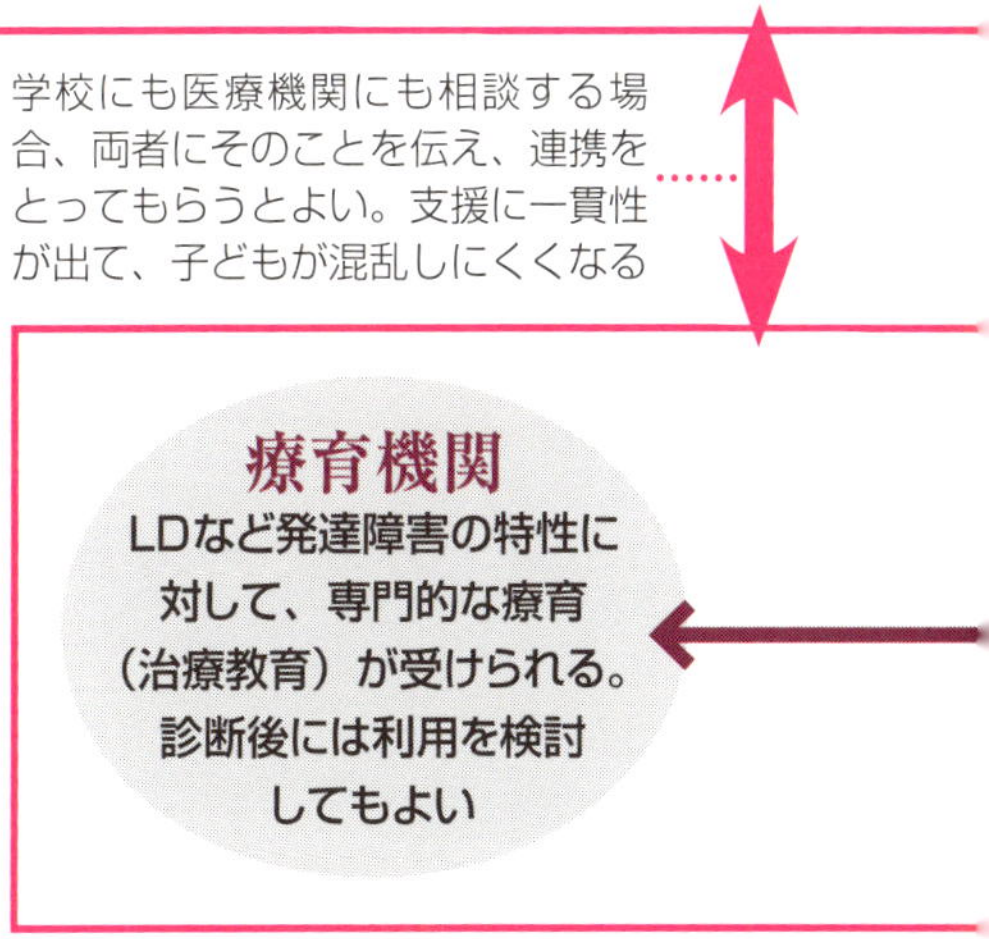

学校にも医療機関にも相談する場合、両者にそのことを伝え、連携をとってもらうとよい。支援に一貫性が出て、子どもが混乱しにくくなる
療育機関
LDなど発達障害の特性に対して、専門的な療育（治療教育）が受けられる。診断後には利用を検討してもよい

相談先は整備されつつある

二〇〇七年度から、全国の学校で特別支援教育がおこなわれています。発達障害などがあって支援を必要とする子に、個別の対応をおこなう教育形式です。

導入当初は各地で戸惑いもみられましたが、現在では各校で発達障害など各種障害への理解が深まり、支援が定着しつつあります。読み書きが苦手なことに気づいたら、まずは学校に相談してみましょう。学校が相談先として、整備されてきています。

受診

診断が必要な場合は専門の小児科医へ

より適切な支援をおこなうために、医学的な診断が必要な場合には、専門医を受診しましょう。

診断を求める時期は人それぞれ

読み書きの苦手な子を支援するために、必ずしもLDという診断が必要なわけではありません。診断がなくても、子どもの苦手なことが理解でき、そのための支援ができれば、それで十分です。

とはいえ、親や本人が正確な診断を知りたいという場合もあるでしょう。また、学校の先生など子どもの関係者から、支援のための情報として医学的な診断を求められることもあります。

そのように、診断の必要性が強くなったとき、医療機関の受診を検討しましょう。必要とする時期は人によって異なります。あせる必要はありません。

専門医を受診する

読み書きの困難を医学的な面からみてもらいたいときには、LDの専門医を探して受診しましょう。教育機関や相談機関で紹介してもらう方法や、自分で探す方法があります。

紹介してもらう

読み書きのことを相談している窓口で、地域の医療機関を紹介してもらう。子どもの状況に合った受診先がわかる

自分で探す

インターネットなどを使って探すこともできるが、実態がわかりにくい。学会のホームページなど、確かな情報を参考にしたい

日本小児神経学会のホームページでは、発達障害の診療に応じる小児神経専門医のリストが公開されていて、LDへの対応の有無も明記されている（2018年7月現在）

https://www.childneuro.jp/（2018年7月現在）

支援のために診断を受ける

診断を受けることで、子どもの状態をより正確に理解できます。それこそが診断の目的です。理解できれば、子どもに合った支援をおこなうこともできるのです。

問診を受ける

専門医を受診すると、それまでの生活や発達の様子を聞かれる。いま困っていることや、過去の悩みを伝える

各種の検査

知的能力を確認する検査や、読み書きの能力をくわしく調べる検査を受ける。検査の種類は医療機関によって異なる（62ページ参照）

診察の結果を聞く。LDに該当するかどうか、子どもにどのような特徴があるかがわかる

医学的な診断

問診と検査の結果によって、医学的な診断が出る。読み書きが苦手でも、LDの基準に該当しない場合もある

特徴の確認

診断の有無にかかわらず、その子の特徴をあらためて確認する。読み書きの検査の結果などについて、医師から説明を受ける

専門的な支援

診断の有無にかかわらず、子どもをサポートする。確認できた特徴にそって、より専門的な支援をおこなう

ポイント

診断は結論ではない

LDの有無を確認することが重要なのではなく、その結果を支援につなげることが重要です。そのため、診察時にはLDという診断名だけでなく、子どもの特徴もくわしく聞くようにしましょう。

医師から聞いた情報を、学校の先生に書面で伝え、校内での支援にいかしてもらうのもよい。診断を支援につなげたい

評価

知能検査や読み書きの検査などをおこなう

読み書きの困難の程度を、検査でくわしく調べることができます。その結果によって、学習面の課題や必要な支援方法がわかります。

二種類の検査でギャップをみる

読み書きが苦手な子のなかには、ＬＤの子もいれば、知的障害がある子や、とくに障害がない子もいます。検査によって、その違いがわかります。

検査は大きく二種類に分かれています。知的能力の検査と読み書きの検査です。検査の結果、知的能力が年齢相応に発達していて、読み書きの達成に遅れがみられる場合に、ＬＤと診断されます。

読み書きの検査にはガイドラインに基づくものやスクリーニング検査、基礎スキルの評価課題などがあります。子どものプロフィール表をつくり、課題や支援の方法を明らかにすることもあります。

LDを調べるための検査

医療機関などでLDを調べるときには、WISCやK-ABCなどの知的能力を調べる検査と、読み書きのスキルをはかる検査がおこなわれます。検査といっても、子どもがとりくみやすい活動になっています。

WISC《ウイスク》

知能検査。第３版の「WISC-III」か第４版の「WISC-IV」が使われることが多い。WISC-III では言語性 IQ と動作性 IQ を調べ、その詳細として言語理解などの能力を確認することができる。WISC-IV は言語理解とワーキングメモリ、知覚推理、処理速度の４項目を調べる形になっている。

専門家が親や子どもに日頃の様子を聞いたりして、知的能力を調べる

知能を三つに分けるとわかりやすい

知能検査を受けると、全般的な知能だけでなく、ワーキングメモリなど、部分的な機能の強さがわかる場合があります。そのように知能を分けて考えると、その育て方もイメージしやすくなります。

下の図のように三つに分けてみると、「ワーキングメモリ」が弱い子でも、学習によって積み重なる「結晶性知能」と、多くの体験によってみがかれる「流動性知能」を育てれば、知的能力は豊かに発揮されることがわかるのです。

ワーキングメモリ
情報を短期的に覚えて、操作するときに働いている機能。視覚や聴覚、記憶などの認知機能が関わる

結晶性知能
「結晶化」されたように、しっかりと身についている知能。記憶できている知識や語彙など

流動性知能
はじめて経験する場面でも機能する、流動的な知能。状況に応じた推理力や論理的思考力など

K-ABC

心理・教育的な評価のためのツール。第２版の「KABC-II」が使われることが多い。知的能力を認知尺度、習得度尺度の両面から評価できる。習得度尺度として語彙、読み、書き、算数の４項目がわかるので、読み書き支援に活用しやすい。

ガイドライン

読み書きの検査が『特異的発達障害診断・治療のための実践ガイドライン』という本にまとまっている。ひらがなを読むという基本的な活動から、子どもの状態を読みとることができる。この検査は保険診療の対象となる。

2010年にガイドラインが本としてまとめられ、診断と治療社から刊行された

読み書き基礎スキルの評価課題

読み書きの学習の支えとなる基礎スキルが評価できる課題。本書の監修者・小池敏英が制作。この課題を活用して、支援の手がかりを得ることができる。(69ページ参照)

各種の検査

子どもによっては絵画語彙検査（PVT－R）や小学生の読み書きスクリーニング検査（STRAW）などの各種検査を受ける場合もある。

支援の基本

反復練習をやめて学び方を変える

読み書きが苦手な子は、練習してもできないから困っています。そのような子に、ただ練習をさせ続けるのはやめましょう。

反復練習は無力感を招く

多くの子はくり返し練習することで字の読み書きを覚えていきますが、読み書きが苦手な子には、単純な反復練習は有効ではありません。

支援なしの反復練習

読み書きが苦手な子に漢字の書きとりドリルなどを渡し、できるようになるまで反復練習をさせる。とくにサポートはしない

読み書きが上達しない

その子にとっては苦手な学び方なので、くり返してもよい結果が出ない。読み書きはなかなか上達しない

知識の習得が遅れる

読み書きのスキルが育たないので、学校でも家庭でも、学習が進まない。年齢相応の知識が習得できない

「学習性無力感」を抱く

子どもが「努力してもうまくいかない」ということを学習してしまう。そのような感じ方を「学習性無力感」という

ドリルなどを使ってただ読み書きをくり返すだけでは、スキルではなく無力感を学んでしまう

子どもに合った学び方に

型通りの練習を反復させるのはやめ、その子に合った学び方ができるよう、支援していきましょう。

「このやり方なら読み書きができる」という実感がもてる。学習への意欲が出てくる

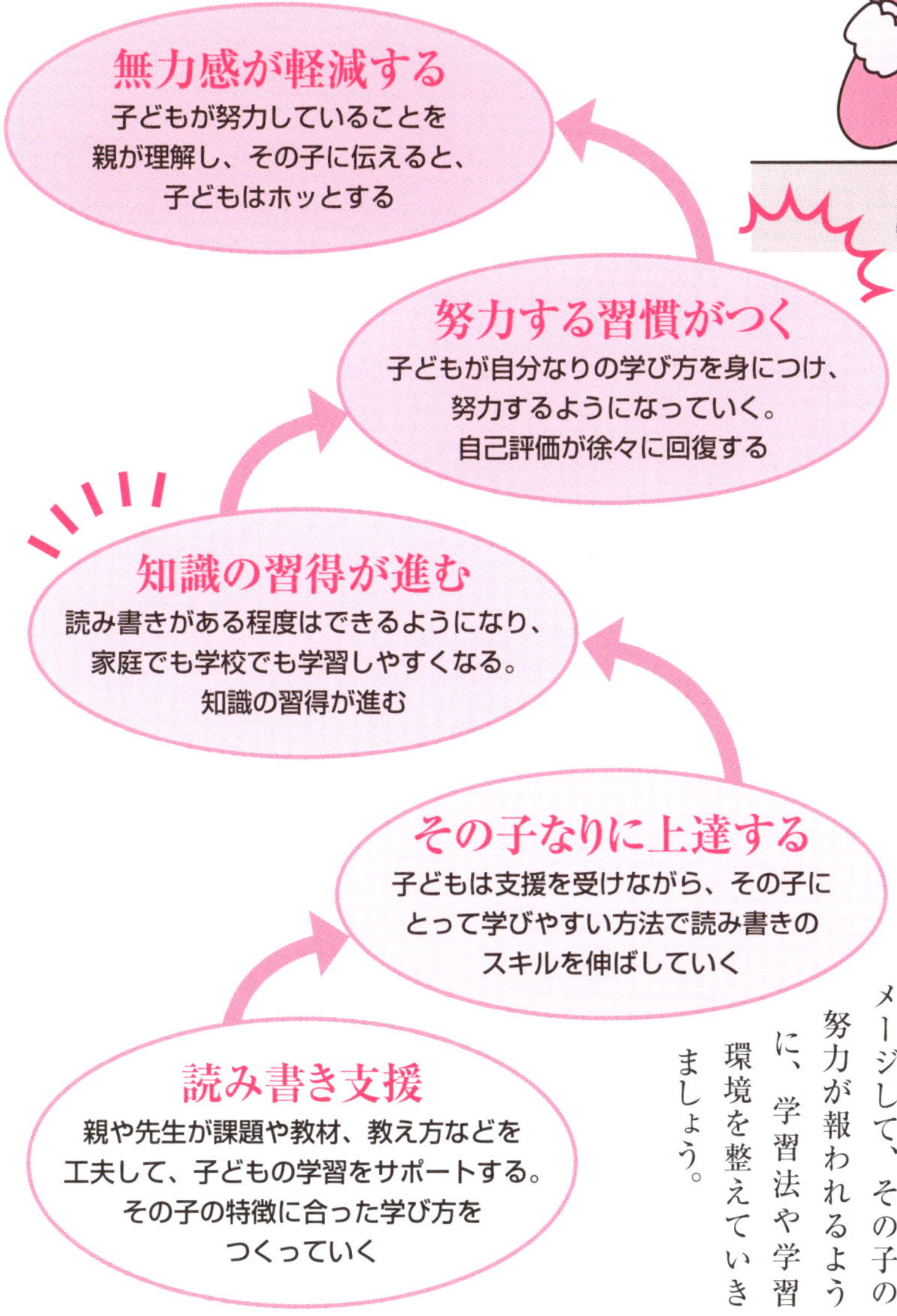

読み書き支援
親や先生が課題や教材、教え方などを工夫して、子どもの学習をサポートする。その子の特徴に合った学び方をつくっていく
その子なりに上達する
子どもは支援を受けながら、その子にとって学びやすい方法で読み書きのスキルを伸ばしていく
知識の習得が進む
読み書きがある程度はできるようになり、家庭でも学校でも学習しやすくなる。知識の習得が進む
努力する習慣がつく
子どもが自分なりの学び方を身につけ、努力するようになっていく。自己評価が徐々に回復する
無力感が軽減する
子どもが努力していることを親が理解し、その子に伝えると、子どもはホッとする

子どもの努力が報われるように支援する

読み書き支援の基本は、親や先生などまわりの人が子どもの特徴を理解し、その特徴に合った学び方をつくっていくことです。

子どもに視覚認知のかたよりなど、読み書きの困難を引き起こす背景があっても、まわりの人が適切に支援すれば、その子は自分なりの方法で読み書きを身につけていきます。

そのように、苦手な部分を補うようにして育つスキルを「補償的スキル」といいます。

その子なりのスキルの習得をイメージして、その子の努力が報われるように、学習法や学習環境を整えていきましょう。

支援の基本

授業に参加できるように支援する

子どもは支援を受けて読み書きをある程度身につければ、授業にも十分に参加できるようになります。それを支援の目標のひとつにしましょう。

「授業で学べないから支援する」のではない

読み書き支援に対する誤解のひとつに、読み書きの苦手な子は通常の授業では学べないから、家庭や通級指導教室など代わりの場所で支援を受けて学ぶのだという考え方があります。

これは、大きな誤解です。読み書き支援は、基本的には授業の代用ではありません。読み書きが苦手な子を支援するのは、その子が授業やそのほかのさまざまな場所で学ぶ力を育てるためです。

その子が授業でうまく学べないのは、基礎的な読み書きでつまずいているからです。その部分さえ補えば、授業に参加できるようになります。

授業で学ぶことを目標に

読み書き支援の目標は、その子の学習の可能性を広げることです。ひらがなの単語や漢字の単語などの読み書きを補い、その先の学びにつなげていきます。

読み書き支援
家庭や学校で、支援を受けて読み書きの基礎を身につける。その子なりの方法で読み書きができるようになる

↓

授業で学べる
読み書きがある程度できれば、通常学級の授業で知識を習得できる。その子の可能性が広がっていく

完璧ではなくても、一定の読み書きスキルがあれば、授業には十分に参加できる

前日に単語や文章を読んでおく

読み書きを全般的に支援するのも重要ですが、より実践的な方法として、授業で学ぶ内容をターゲットとして読み書き支援をおこなうことも重要です。授業の前日に、教科書の単語や文章を、その子の得意な方法で読み書きしておくのです。

漢字になじんでおく

低学年の場合には、まだ読めない漢字をいくつか前日に読んでおくだけでもよい。文字になじむことで、読み書きしやすくなる

関連の資料をみる

教科書の文章を読むことが難しければ、関連の資料をみて、親子で話をする。文章の背景がわかっていれば、読み書きしやすい

教科書の単語を読む

次の日に使うページに目を通し、単語がある程度、流暢に読めるようにする。文章ではなく、単語の読み方を改善するのがポイント

補助線を入れる

文章に補助線を入れるのもよい。重要な単語にマーカーを引いたり、文節の区切りを書いたりする。補助線を入れたもので一度読んでから授業にのぞむ

まだ読めない単語を、イラストや写真と合わせて読んでおく。読み方のヒントを得た状態で授業にのぞめる

準備が負担にならないように

教科書に目を通しておくことは非常に有効な支援となりますが、毎日すべての教科でその作業をおこなっていては、大変な負担になってしまいます。

まずは週に数回、とくに苦手な教科で簡単なサポートをしてみましょう。そして実践を続けるなかで、負担にならない程度に、支援を習慣化していきます。

無料ソフトで、教材を手軽につくる

読み書き支援では、子どもに合った課題を出すことが大切です。そのために便利に使える無料ソフトがあるので、ぜひ活用しましょう。

親にも子にもメリットがある

無料ソフトを使うと、親は教材を準備するのが楽になります。いろいろなパターンの課題が手軽につくれるので、子どももあきずに楽しめます。

親は楽になる

無料ソフトには多数の文字や単語、文章などが収録されている。それらのなかから子どもに合った課題を選ぶだけでよいので、親は楽になる

子どもは楽しめる

ソフトを使えば課題のバリエーションが増える。また、ソフトの多くは画面がにぎやかでゲームのようなので、子どもが興味をもちやすい

タブレット機器で利用できるソフトもある。ゲーム感覚で楽しみながらとりくめる

バリエーション豊かな教材を用意できる

子どもは小学校に通う六年間で、約一〇〇〇字の漢字を習います。読み書きが苦手な子に支援が必要だとはいっても、一〇〇〇字すべてに親や先生が教材を用意するのは難しいでしょう。さらに文章や計算への支援もおこなうとなれば、負担はさらに増えます。

その負担を軽減するのが、無料ソフトです。学習支援に役立つ教材を多数収録したソフトが、無料で公開・配布されています。教材を準備するときには、それらのソフトをぜひ活用してください。

ソフトで基本的な教材を用意し、それ以外に必要なものを自分たちで準備するようにしましょう。

無料で使えるソフトがある

さまざまなソフトが読み書き支援に活用されていますが、ここでは監修者が制作にたずさわった2種類を紹介します。どちらも無料で使えるので、気軽に試してみてください。

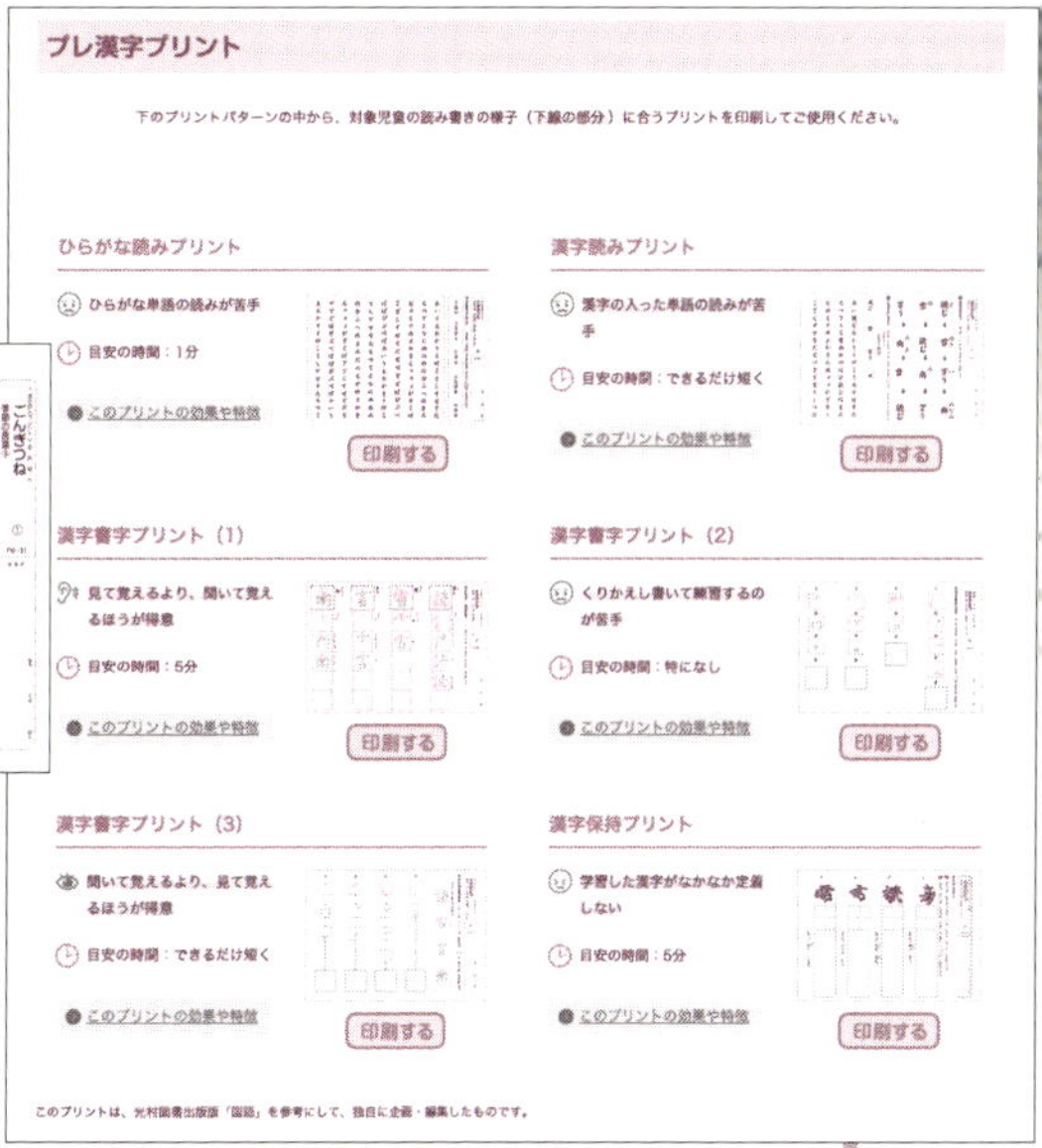

→選んだ単元の教材が６種類表示される。「漢字読みプリント」を選んだ場合、下のような教材が表示される

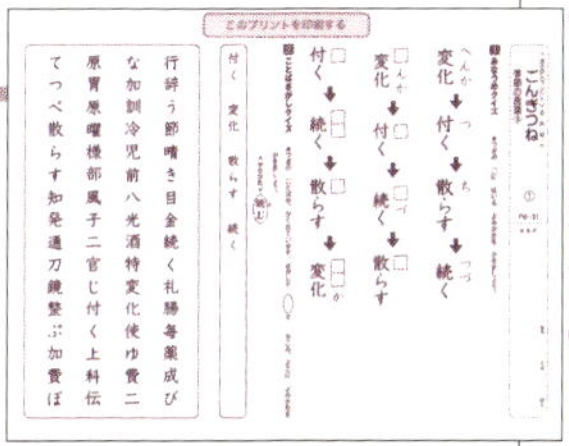

←スマイル式 プレ漢字プリントが使えるホームページ。まずは子どもの学年と学びたい単元を選ぶ

スマイル式 プレ漢字プリント

小学校の国語の教科書で使われている漢字の学習を支援するソフト。NPO法人スマイル・プラネットのホームページ上で利用できる。学びたい単元や子どもの得意な方法に合わせて教材を表示・印刷できる。スマイル・プラネットにはほかに漢字を１文字ずつ学ぶソフト、算数の学習支援ソフトも用意されている（2025年１月現在）。

http://www.smileplanet.net/specialty/smilekanji/

読み書き基礎スキルの評価課題と支援ソフト（学芸大学版）

パソコンやタブレット機器で使える学習支援ソフト。読み書きの基礎スキルを確認して子どものプロフィール表をつくり、それに合わせた支援ができる。インターネットでダウンロードできる（2025年１月現在）。

https://www.dik-uni.com/koik/

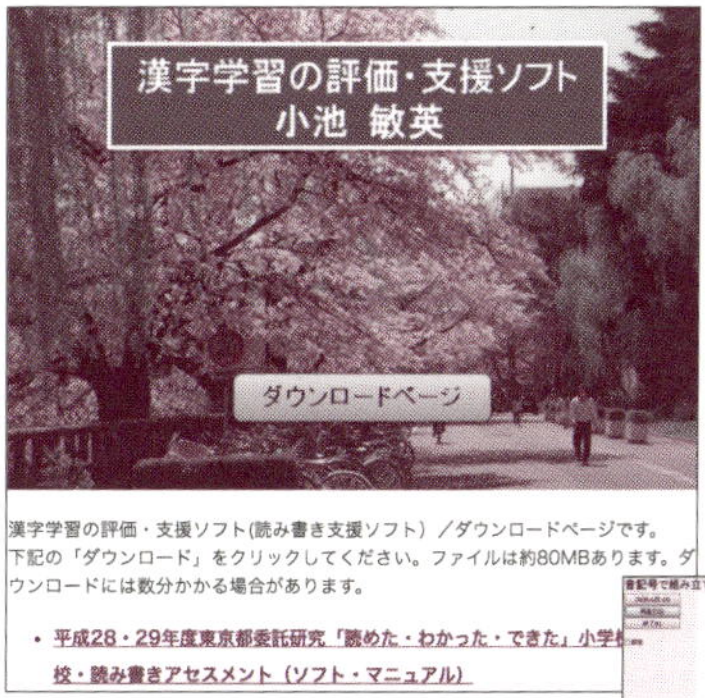

ソフトのダウンロードページ。リンクをクリックすると、ソフトを入手できる

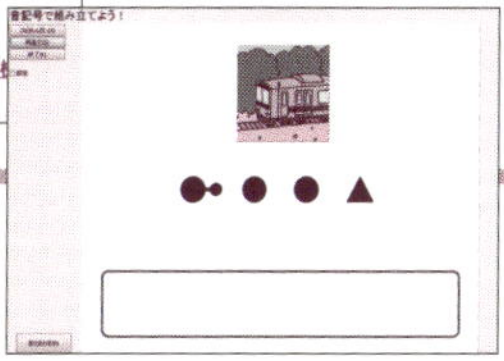

漢字の学習支援だが、基礎的な学習として音韻意識を扱っている課題もある

COLUMN

「親の会」も頼りになる

読み書きが苦手な子どもならではの悩みを相談できる相手がいると、気持ちが楽になる

読み書きが苦手な子の親や家族が集まっている

ＬＤなど発達障害がある子を育てるときには、一般の育児法よりも、同じタイプの子を育てている親の助言のほうが参考になることがよくあります。

そのため、発達障害の子をもつ親どうしが集まり、会を開くことがあります。そのようなイベントやグループのことを「親の会」などといいます。

全国にさまざまな親の会がありますが、なかでもよく知られているのが「ＬＤ親の会」です。全国各地に団体があり、各団体と情報を交換する「全国ＬＤ親の会」というＮＰＯ法人もあります。

情報交換や支え合いの機会になる

親の会には、読み書きが苦手な子を育てている親や関係者が参加しています。

支援に関する情報を交換したいときには、参加を検討してみるとよいでしょう。ＬＤ親の会のホームページなどで、会の開催情報が公開されています。

それらの会合に参加し、同じタイプの子をもつ親と交流することが、親にとっても子どもにとっても、支えになる場合があります。

5

家庭でできる読み書き支援12

読み書き支援のさまざまな手立てを紹介します。
いずれも家庭で手軽にできる方法です。
子どもが読み書きに困っていたら、
12 種類の支援のなかで役立ちそうなものを
まずは試してみてください。
実践しながら、よりよい方法を探っていきましょう。

保護者は

まずは72〜73ページの一覧表をみて、子どもが苦手としている部分に有効な支援を調べ、それらを実践していきましょう。

●ひらがな・カタカナ

●漢字

●文章

●そのほか

先生・支援者は

専門家は 72〜73ページの表に加えて、74〜97ページの右下にある一覧表も参考にしてください。視覚認知や音韻意識など、原因別に有効な支援がわかります。「ほか」はADHDやASDなどの特性のサポートにもなるものです。

この弱さのサポートに

音韻	視覚
聴覚	記憶
論理	語彙
部品	ほか

ひと目でわかる

子どもに合った読み書き支援の選び方

ひらがなや漢字、文章、計算などのなかで、子どもがとくに困っているポイントをサポートしましょう。以下の表で必要な支援がわかります。専門家に相談してよりくわしい原因がわかったときには、74 ～ 97 ページの右下にある表も参考にして、子どもに役立つ支援を選んでください。

	文章	そのほか
読みが苦手	**3つの文章を読んでみる** 文章が読みこなせない場合には⑤や⑥、⑨、⑩、⑪などの支援で、つまずいている部分を補いましょう。また、支援⑫で3つの文章のつながりを読むことも役立ちます。  字は読めても文章の意味がわからないDさん（16ページ参照）	**苦手な言葉をゲームに** 感情表現や擬態語など一部の言葉がうまく理解できず、その点で読み書きにつまずきが出ているときには、支援⑨を試してみましょう。ゲーム感覚で言葉にふれあうことができ、語彙が増えやすくなります。 
書きが苦手	**木や家の図で整理する** ひらがな、漢字がどちらもある程度書けていて、作文ができないという場合には、文章を整理する支援⑫が有効です。⑪の支援で文章を読むことに慣れるのも、書くことの上達につながります。 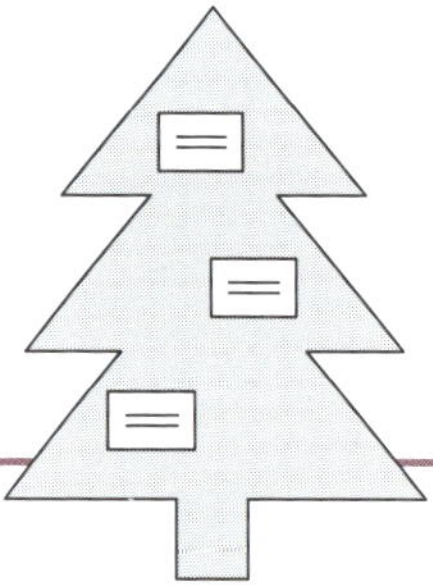	**補助線にそって書く** 算数で計算式やグラフ、図形などを読み書きすることに苦しんでいる子には、教材に補助線を書くサポート⑩が有効です。  授業のなかでも算数がとくに苦手なEさん（18ページ参照）

漢字とひらがなの意外な関係

漢字が書けない子には書きとりの支援をすればよいと考えがちですが、じつはひらがなを読むという基礎から支援したほうが有効です。漢字の書きとりテストをすると、漢字やひらがなを読むのが苦手な子ほど、点数が低くなります。漢字以前の問題がベースになっているのです。

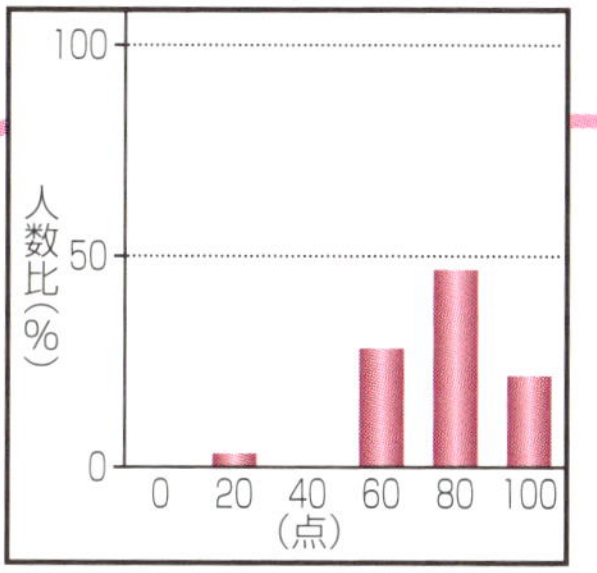

平均点が90点以上になるような、簡単な漢字書きとりテストの結果。これは漢字を読むのが苦手な子たちの点数別の分布。60～80点台が多い

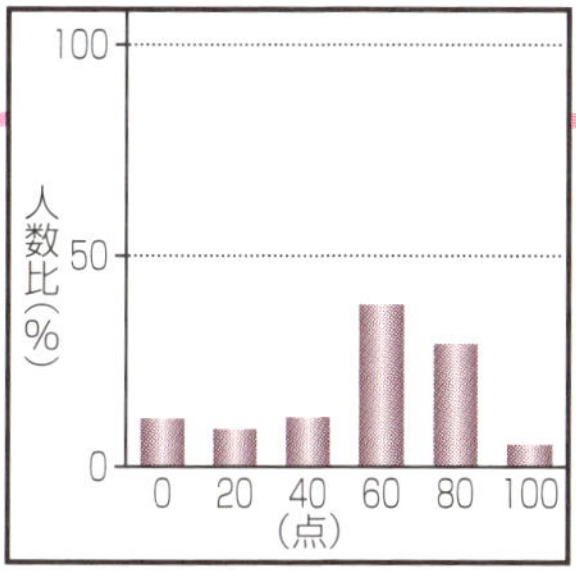

左と同じテストで、漢字を読むのもひらがなを読むのも苦手な子たちの点数別の分布。60点台が最多で、40点以下も多い（グラフはどちらも小池敏英による）

	ひらがな・カタカナ	漢字

読みが苦手

ひらがな・カタカナ：文字や音になじむことから

ひらがなを読むのが難しい場合には、支援①で文字と音の変換を補うことや、支援③や④で単語をまとまりとして読む経験を積むことが有効です。

ひらがなの文章がうまく読めないAくん（10ページ参照）

漢字：文字と意味をむすびつける

漢字の単語が読めない子には、単語と絵やエピソードを組み合わせる支援⑤と⑥が役立ちます。また、支援①や③、④でひらがなの読み方を補うこともスキルの下支えになります。

すでに習ったはずの漢字が読めないBくん（12ページ参照）

書きが苦手

ひらがな・カタカナ：文字の形を絵で覚える

ひらがながまだうまく書けない子には、文字と絵を組み合わせた支援②が有効です。絵をみることで、文字の形を覚えやすくなります。部分的に間違えてしまう子には、漢字を部品に分ける支援⑦や⑧をひらがな版としておこなうのもよいでしょう。

漢字：部品に分けて考える

漢字を書くのが難しい場合、支援⑦や⑧で字の構造をわかりやすく示すとよいでしょう。また、ひらがなの読み書きや漢字を読むことの困難がベースになっている場合がよくあります。そのため、支援①や②、⑤、⑥で読むことの支援をするのも有効です。

漢字の単語を書くのが極端に苦手なCくん（14ページ参照）

読み書き支援①

言葉の音を記号でビジュアル化する

この弱さのサポートに

音韻	視覚
聴覚	記憶
論理	語彙
部品	ほか

やり方

文字を●や▲などの記号に置き換えます。小さい「っ」や「ょ」などは小さい□や●‒●で表します。記号を書くのが苦手な子もいるので、記号を書いたカードを用意して、子どもには文字に合った記号のカードを選ばせるようにします。

1 支援に使うカードを用意する。厚紙などを子どもが動かしやすい大きさに切り、4種類の記号をカードにする。さまざまな言葉をつくれるように、多めにつくる。また、記号を数文字分組み合わせたカードも用意する。

基本的な4種類の記号

● …… 清音《せいおん》・濁音《だくおん》・半濁音《はんだくおん》（あ、が、ぱなど）
▲ …… 撥音《はつおん》（ん）
●‒● … 拗音《ようおん》（しゃ、しゅ、しょなど）
□ …… 促音《そくおん》（小さい「っ」）

数文字分の記号（その記号に該当する単語の例）

●‒●●● ……… （きゃべつ）	●□●‒●● ……… （がっしょう）
●‒●●▲ ……… （ちょきん）	●‒●▲●▲ ……… （しゅんかん）
●▲●‒● ……… （でんしゃ）	●●□● ………… （かけっこ）
●●●‒● ……… （どくしょ）	●●▲●‒● ……… （じてんしゃ）
●●‒●●▲ …… （としょかん）	●▲●● ………… （けんだま）
●□● ………… （きって）	●□●● ………… （がっこう）

2 大人が文字と記号の関係を説明する。「きゃべつ」など、簡単な例をつくってみせて、子どもに記号の意味を理解してもらう。理解できたかどうか確認するために、「きゅうり」など似たような例でひとつ子どもに記号を選ばせる。

4種類のカードで小さい「っ」などを表現する

※カード1枚が1文字に対応しているのではなく、1モーラ（音の分節。1拍の音ともいえる）に対応しているのがポイント。「しゃ」は2文字だが1モーラとなる。

3 子どもがルールを理解できたら、とりくみをスタート。大人が単語を読み上げ、子どもにその単語を記号で表現してもらう。簡単なものからはじめて、徐々に文字数を増やしたり、拗音や促音を組み合わせたりする。

4 次は記号をみせて、どんな言葉が当てはまるか、子どもに考えてもらう。答えの文字を書くことができればより総合的な経験になるが、書くことが苦手なら、口頭で答えてもよい。

子どもは親が口にした単語を聞きとり、頭のなかで文字に変換して、その文字に合う記号を選ぶ

効果

文字を記号でシンプルに表現することで、文字と音の変換が理解しやすくなり、音韻意識の弱さが補われます。口頭のやりとりと視覚的な記号を両方使うので、視覚や聴覚の弱い子にも役立ちます。

アレンジアイデア

記号が難しい子どもにはマス目とおはじきで

４種類の記号をうまく扱えない場合には、より簡単な方法にアレンジしましょう。マス目とおはじきを用意します。親は単語を読み上げ、子どもにその文字数のおはじきをマス目に置いてもらいます。この方法でも、文字と音の変換が身につきます。

親が読み上げる単語を聞いて、同じ文字数のおはじきを置く。そして1つひとつのおはじきに対応する文字を読み上げる

拗音や促音を表現するときは、おはじきを置く位置を変えたり、おはじきの色を変えたりしてもよい

読み書き支援 ②

いは犬、うは牛のイラストで覚える

やり方

ひらがなをイラストと組み合わせて、子どもにみせます。「い」の字には「い」からはじまる言葉のイラスト、たとえば「犬」の絵を合わせます。絵のりんかく線に文字を合わせ、なぞりやすい教材にするのがポイントです。

犬の体に「い」の字を組み合わせたカードを子どもにみせる。ほかにも牛に「う」を組み合わせるなど、子どもの覚えやすい形にする

1 ひらがなとイラストを組み合わせた教材を用意する。市販の教材を使うと便利だが、インターネットなどで画像を検索し、そのうえに文字を書いて、自作してもよい。

2 子どもに教材をみせる。子どもは絵の上に書かれた文字を読んだり、手でなぞったりして、文字を覚える。慣れてきたら絵だけをみて文字を書いたり、絵をみないで字を書いたりする。

効果

イラストが、ひらがなの読み方や形を覚えるためのヒントになります。文字をみるだけではひらがなの読み書きがなかなか習得できない子に、とくに有効な支援です。「いは犬のいだから……」というふうに文字を思い出せるようになります。

この弱さのサポートに

音韻	**視覚**
聴覚	**記憶**
論理	語彙
部品	ほか

アレンジアイデア

文字を回転させて遊ぶ

イラストによる支援で読み書きが身についてきたら、イラストなしの遊びもしてみましょう。ひらがな１文字のカードを用意し、向きを回転させて並べます。子どもはその文字を読みとって書き出し、どのカードを書いたのか、指差します。

回転させたひらがなを、子どもが読み上げるのもよい。間違いやすい字を入れておく

並べた文字をすべて書き出していく。書けた文字の数で点数をつけるのもよい

子どもは読みとれた文字を書き出していく。書き終わったら文字の向きを整えて答え合わせをする

漢字でも同様の支援ができる

漢字を覚えるときにも、イラストが活用できます。漢字はひらがなよりも画数が多いので、部首や漢字の部品がイラストで表現されているものを使いましょう。

ちょうちんあんこうのイラストで「魚」を覚える例。頭部の突起を「ク」、体を「田」、歯を「４つの点」に見立てる

「魚」の字の部品に意味を当てはめるのもよい。「ク」がつりざお、「田」がエサ、「４つの点」が４尾の魚と考えると覚えやすい

読み書き支援 ③

クイズ形式で、単語を目になじませる

この弱さのサポートに

音韻	視覚
聴覚	記憶
論理	語彙
部品	ほか

やり方

ひらがなの単語をカードに書いて子どもにみせ、読み上げさせます。できるようになったらシールなどで文字を隠し、同じように読ませます。10枚程度のカードを用意し、短時間でどんどん読んでいくようにします。

1 厚紙などをカードにして、そこにひらがなの単語を書く。読ませたい文章のなかから単語を選び、その単語をある程度流暢に読めるようにする。

おお○な
文字と同じくらいの大きさのシールを用意して、字を隠す。貼り直せるシールが便利
最初は「おおきな」と隠さずにみせる
↓
「おお●な」などと一部を隠してみせる
↓
「お●きな」など、隠す位置を変えてもう1回

2 カードを1枚ずつ、子どもにみせる。みせて、読ませて、次のカードをみせるというように、短時間で進めていく。10枚程度を1組に。

3 子どもが何度か読み上げたら、出題者と回答者の役割を交代。子どもが文字を隠して親に読ませる。単語選びや隠す位置の決定は子どもにまかせる。

出題者としても、カードをみたりシールを貼ったりすることで、単語になじむ経験ができる

効果

ひらがなのまとまりを単語として読む経験ができます。単語に目がなじんでいくので、文章を読むときに、単語をまとまりとして読むようになります。視覚や記憶が弱い子、語彙が少ない子に有効です。

ポイント

役割を交代する

いつも親が問題を出していると、子どもはテストをされているように感じるかもしれません。途中で役割を交代しましょう。出題側なら間違えることがないので、子どもは気楽にとりくめます。のびのびと参加しながら、読み書きになじむ体験もできるのです。

アレンジアイデア

文字の集まりから単語を探す

ひらがなの文字列から目当ての単語を探すとりくみでも、単語を目になじませることができます。単語以外の文字も目に入ってくるので、カード形式よりも難易度は高くなります。

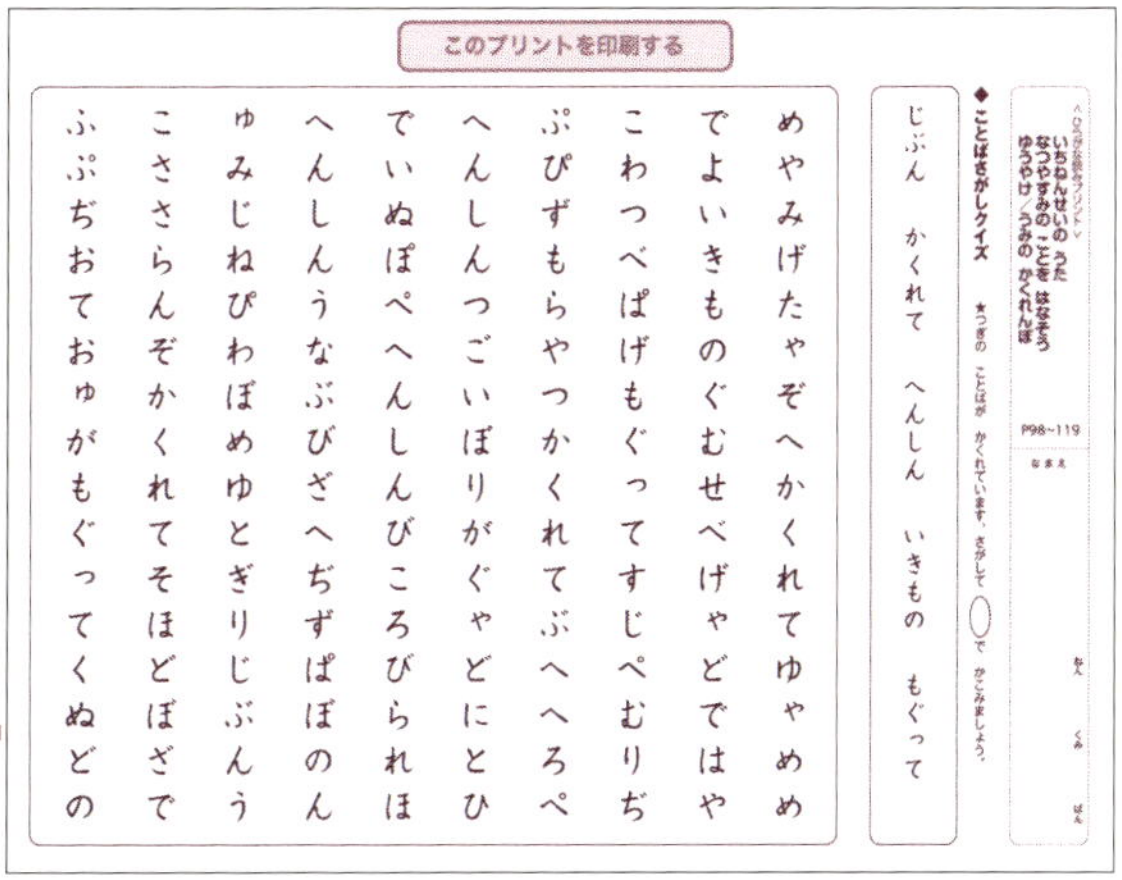

このプリントを印刷する

＜ひらがな読みプリント＞
いちねんせいの うた
なつやすみの ことを はなそう
ゆうやけ／うみの かくれんぼ
P98~119
なまえ
ねん くみ ばん

◆ことばさがしクイズ ★つぎの ことばが かくれています。さがして ◯で かこみましょう。

じぶん かくれて へんしん いきもの もぐって

めやみげたゃぞへかくれてゆゃめめ
でよいきものぐむせべげゃどではや
こわつべぱげもぐってすじぺむりぢ
ぷぴずもらやつかくれてぶへへろぺ
へんしんつごいぼりがぐゃどにとひ
でいぬぽぺへんしんびころびられほ
へんしんうなぶびざへぢずぱぼのん
ゆみじねぴわぼめゆとぎりじぶんう
こささらんぞかくれてそほどぼざで
ふぷぢおておゅがもぐってくぬどの

「スマイル式 プレ漢字プリント」（69ページ参照）のホームページで、文字列の教材を表示・印刷できる

読み書き支援 ④

「果物」などの種類別に言葉を探す

やり方

ひらがなとカタカナを使って、果物や動物、乗り物、スポーツなどの言葉で単語カードをつくります。そのカードを子どもにみせ、種類別に並べてもらったり、口頭で種類を答えてもらったりします。

1 最初は単語カードを子どもにみせ、読み上げてもらう。読み上げることができていたら、今度はその言葉の分類を聞く。果物や動物など、分類の例を示す。

果物と動物のように区別しやすいものからはじめるとよい

2 続いて、カードの分類作業に入る。親が分類を示し、子どもに当てはまるカードを選んでもらう。分類の数やカードの枚数で難易度を調整する。

ポイント 興味をいかして

分類を使った支援には、子どもの興味が活用できます。たとえば乗り物が好きな子なら、その分類でとりくんでみましょう。ただ単語を使うよりも、子どものモチベーションが上がります。

この弱さのサポートに

音韻	視覚
聴覚	記憶
論理	語彙
部品	ほか

3 単語カードを読みこなせるようになってきたら、分類から単語を連想して読んだり書いたりする作業にもチャレンジしてみましょう。

親が、電車の絵の先頭車両で分類を示す。子どもは続く車両のカードに単語を書き出し、並べていく

効果

ひらがなのまとまりを単語として読むこと、その意味をつかむこと、さらには書くことまでが経験できます。読み書きの基本スキルを身につけながら、語彙も増やせます。情報を整理する経験が、論理的思考力の向上にもつながります。

アレンジアイデア

単語を使って話をする

分類カードだけ用意して、その分類に当てはまる言葉を書き出していくのも、よいとりくみです。さらに、書き出した単語を使って文章をつくってみるとよいでしょう。文章を書くのは大変なので、考えて口頭で発表してもらいます。

課題の例

- 果物を書き出し、好きなものについて話す
- 動物を書き出し、そのなかから哺乳類を選んで発表する
- 植物を書き出し、さらに花の有無で分ける
- 乗り物を書き出し、それぞれの速度を比べる

読み書き支援 ⑤

漢字の読み方を絵と組み合わせて学ぶ

この弱さのサポートに

音韻	視覚
聴覚	記憶
論理	語彙
部品	ほか

やり方

漢字の単語のカードと、その単語のイラストのカードを用意します。市販のイラスト教材を使うか、インターネットを活用して絵を探し、印刷するとよいでしょう。読めない単語をすべてカード化するのは大変なので、1回あたり単語5つ程度でかまいません。

1 読ませたい文章のなかに出てくる単語や、次回の授業で使う単語をカード化するとよい。子どもも本人に聞いたり、宿題の様子をみたりして、カード化する単語を決める。低学年では「山」「雨」など漢字1文字の単語をカードにするのもよい。

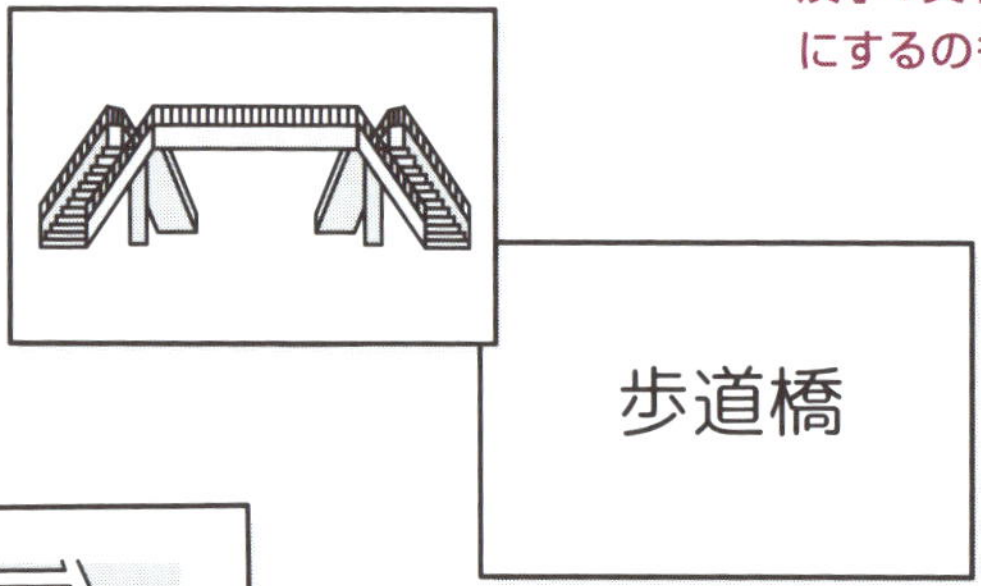

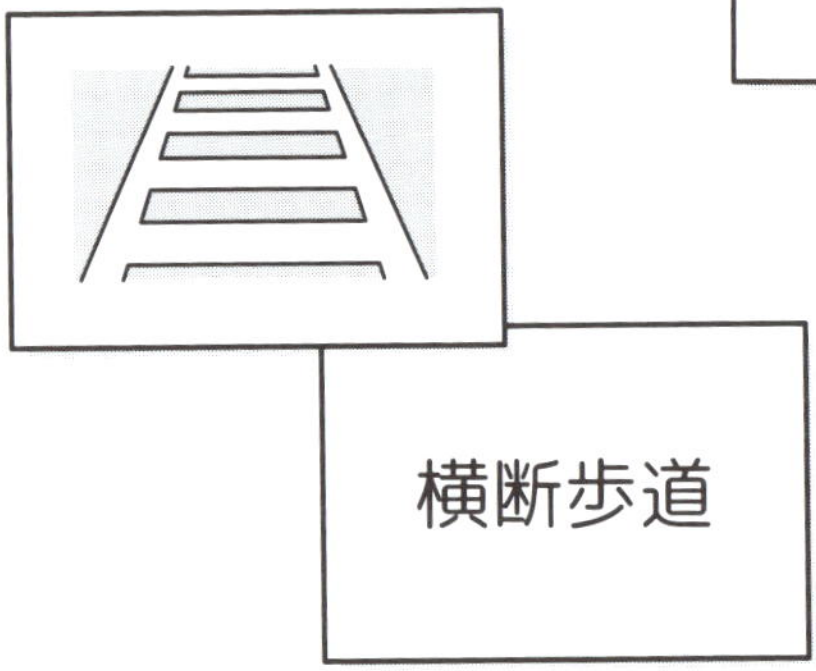

2 漢字とイラストで2枚1組になっているカードを、5組程度用意する。イラストが手に入らなければ、写真でもよい。

次回の授業で「歩行者のための工夫」を学ぶ場合には、そのページで読みにくい単語をピックアップしてカード化するとよい

※絵や写真で表現しにくい単語（たとえば「地方」など）には、地図のように関連する資料を用意したり、支援⑥（84ページ参照）のエピソードの活用を組み合わせたりして対応します。

これはなに?

読み方が思い出せない子には、イラストの視覚的な情報をヒントにしてもらう

3 子どもに漢字カードとイラストカードを並べてみせる。漢字とイラストが対応していることを伝え、漢字を読んでもらう。読めなければ「このイラストはなに?」と聞く。

効果

視覚的な情報が手がかりとなって、漢字と読み方がむすびつきやすくなります。聴覚記憶が弱く、読み方を音として記憶するのが苦手な子に有効です。また、単語がわからないために文章のつながりが理解できていない場合にも、よいサポートになります。

4 漢字とイラストを並べて読むことをくり返す。読めるようになってきたら、イラストを徐々に隠し、最後は漢字だけで読んでもらう。読めなければ「どんなイラストだった?」とヒントを出す。

アレンジアイデア

「神経衰弱」で遊びながら

漢字カードとイラストカードを同じサイズでつくり、トランプの「神経衰弱」ゲームをすると、遊び感覚で読み方を習得できます。カードを裏返して並べ、2枚めくって漢字とイラストの組み合わせになったらカードをもらい、カードの枚数を競い合います。

漢字とイラストでは難しければ、「ほどうきょう」などの読みがなとイラストの組み合わせでもよい

慣れてきたら、漢字「歩道橋」と読みがな「ほどうきょう」の組み合わせで神経衰弱ゲームをしてみる

読み書き支援 ⑥

漢字の単語と自分のエピソードをむすびつける

この弱さのサポートに

音韻	視覚
聴覚	**記憶**
論理	**語彙**
部品	ほか

やり方

漢字の単語のカードを用意します。支援⑤（82ページ参照）と同じものでもかまいません。ここでは単語のカードだけを使い、その単語の意味を親子で話しながら、読み方とむすびつけていきます。

1 支援⑤と同様に、読ませたい文章中の単語や次回の授業で使う単語をカードにする。10枚程度のカードを用意し、1枚ずつ子どもにみせて、その単語に関連するエピソードを親子で話し合う。エピソードはあとで使うので、親が簡単なメモをとっておくとよい。

これは「ねがい」って読むんだけど、なにかを願うのって、どんなときだろう?
願い

「願い」が読めない子には、その子の身近な出来事で「願い」に関連することを話す。親が子どもに質問し、話を具体的に展開していく

アレンジアイデア

スリーヒントクイズ

単語カードを並べてカルタ遊びをする場合に、親がエピソードの代わりに単語のヒントを話すという形式でも楽しめます。ヒントがひとつでは難しいので、3つくらいにします。慣れてきたら子どもが読み手をするのもよいでしょう。

1 たとえば「意見」について、ヒント1は手をあげるなどの動作をする

2 ヒント2は意味を話す。たとえば「自分の考えを言うこと」など

3 ヒント3は文字の一部を話す。たとえば「1文字目に立がある」など

クリスマスに、
サンタクロースに
することって
なんだ？
願い
以前
案内

「願い」のカードのエピソードを、親が話す。子どもはその話を聞いて、単語や読み方を思い出す

2 すべての単語の話が終わったら、カードを全部並べて、カルタ遊びをする。親が単語のエピソードをランダムに話し、子どもが該当する単語を読み上げながらカードをとる。エピソードの語り方によって難易度が調整できる。

効果

具体的な経験やイメージが手がかりとなって、漢字と読み方がむすびつきやすくなります。聴覚記憶が弱く、読み方を文字で記憶するのが苦手な子に有効です。支援⑤の視覚的な手がかりと合わせて用いるサポートです。

「低心像性《ていしんぞうせい》」の単語に効果が出やすい

自分のエピソードをむすびつける支援は、とくに「低心像性」の単語を覚えるときに役立ちます。

低心像性とは、視覚的なイメージをもちにくいことです。「意見」や「様子」のように、漢字をみてもその内容が想像しにくいものを「低心像性」の単語といいます。

聴覚記憶の弱い子の多くが、低心像性の単語を読むことに苦労しています。意味をイメージしにくい単語があったら、優先的にサポートするとよいでしょう。

高心像性の単語	水道、食事、電話、鉄板、火山、石油、風船、病気、新車、薬品、農業、国旗など
低心像性の単語	市立、曜日、以前、組合、調節、性質、要素、規制、権利、運営、電子、条約など

難しい字は分割し、部品にしてみせる

この弱さのサポートに

音韻	視覚
聴覚	記憶
論理	語彙
部品	ほか

やり方

漢字を分解していくつかの部品にします。それをカードや透明なシート、手書きの字など、さまざまな形で子どもにみせ、まずは部品を認識させます。そして、部品を書くことからスタートし、最終的に難しい漢字も書けるようにしていきます。

1 「空」という字をウとルとエに分けるようにして、漢字をいくつかの部品に分ける。その部品をカードや透明なシートなどに書く。カードを組み合わせたり、シートを重ねたりすると元の漢字にみえるように、書き方を調整するとよい。

空
巷
ホワイトボードのように、書いたり消したりしやすい道具を使うとよい。子どもの理解度に合わせて、提示する部品や部分を調整できる

「空港」という字をカードやシートで組み立てられるようになってきたら、一部を書いて子どもにみせ、残りを書いてもらう

2 子どもがカードやシートを組み合わせて文字をつくる。慣れてきたら、A4サイズのホワイトボードなどを活用し、文字を書いて完成させることにもとりくむ。1回に覚える字は3字くらいにして、前回指導した文字の復習もおこなうとよい。

ポイント

好きな遊びと組み合わせる

子どもによって好きな遊びは異なります。注意集中するのが苦手な子には、ブロックのゲームのようにハラハラドキドキしながら楽しめるものがよいでしょう。どのようなゲームでもよいので、その子が興味をもってとりくめることを組み合わせてみてください。

3 漢字の書きとりをくり返すと、テストのようになってしまい、子どもがなかなか楽しめない。そのときにはゲーム形式をとり入れるとよい。ブロックなどを積み上げたり崩したりするゲームが活用できる。

子どもに、自分がとったブロックの漢字は丁寧に書くように伝える。ゲーム中のリクエストにはすっきりしたがう子が多い

4 ブロックを使う場合には、部品が不足した漢字を紙に書いてブロックに貼りつけ、その状態でゲームをする。子どもが自分のとったブロックの漢字を完成させたら、ゲームの点数も上がるしくみに。例文を書かせてもよい。

効果

漢字の形をなかなか覚えられない子が、部品を組み合わせて文字を書けるようになっていきます。聴覚記憶が弱く、部首名が身につきにくい子に有効な支援です。注意集中が難しい子にも効果的です。

アレンジアイデア

間違い探しの形式に

親がわざと不正確な漢字を書き、子どもに間違い探しをさせるのもよいでしょう。横棒を１本多く書いておくなど、子どもがよくミスをすることを問題としてとり入れるようにします。この形式でもホワイトボードが役立ちます。

読み書き支援 ⑧

字画や部首に名前をつけて読み上げる

この弱さのサポートに

音韻	視覚
聴覚	記憶
論理	語彙
部品	ほか

やり方

漢字をいくつかの部品に分け、それぞれに名前をつけて、読み上げながら覚えるようにします。1画ずつ分ける方法や、部首で分ける方法などがあります。さまざまな方法を紹介して、子どもにいちばんわかりやすい方法を選んでもらいましょう。

1 漢字を字画や部首、部品などに分け、名前をつける方法を子どもに教える。名前も親が教えてもよいが、子ども自身に覚えやすい呼び方を考えさせてもよい。以下の例は実際に読み書きの苦手な子が考えた呼び方。

字画の例

- 十 たて
- 十 よこ
- 右 ななめ
- 水 たてはね
- 雨 てん
- 友 ふ
- 力 ふはね
- 日 かく
- 円 かくはね
- 九 つりばり

部首や部品の例

- 口 たて・かく・よこ
- 言 てん・よこ・よこ・よこ・たて・かく・よこ
- 服 つき
- 学 ッ
- 常 たて・てん・てん
- 支 また
- 各 のまた
- 半 つきとおし
- 羊 出ない
- 然 てん4つ

※字画や部首には正式名称がつけられている場合もあります。その呼び方で覚えられれば理想的ですが、難しいときには、まずは子どもが覚えやすい呼び方にしてみましょう。

2 漢字の書きとりの問題を用意し、親が子どもに、各部品を読み上げながら漢字を書くようにうながす。子どもが部品を忘れていたら、親が助け舟を出して、その部分を読み上げてもよい。

自宅で書くときには字画や部品の名前を読み上げて練習。学校のテストなどでは、心のなかでとなえるようにする

3 慣れてきたら、書き方を口に出さず、心のなかでとなえながら書いてみる。読まなくても書けるところはそのまま書き、はねる・はねないなど、間違えやすいポイントだけをとなえるのもよい。

効果

支援⑦と同様に、
部品を組み合わせて漢字を書く力がつきます。この支援の場合、
視覚認知が弱い子に有効です。
みて覚えることが苦手でも、形と
呼び名を組み合わせることで、
習得しやすくなります。

アレンジアイデア

「おぼえうた」をつくってみる

字画や部品に分けてもまだ複雑なときには、書き方をうたのようにして、口ずさみながら書いてみるのもよいでしょう。ただ読み上げるよりも、リズムやメロディを組み合わせたほうが、より覚えやすくなります。

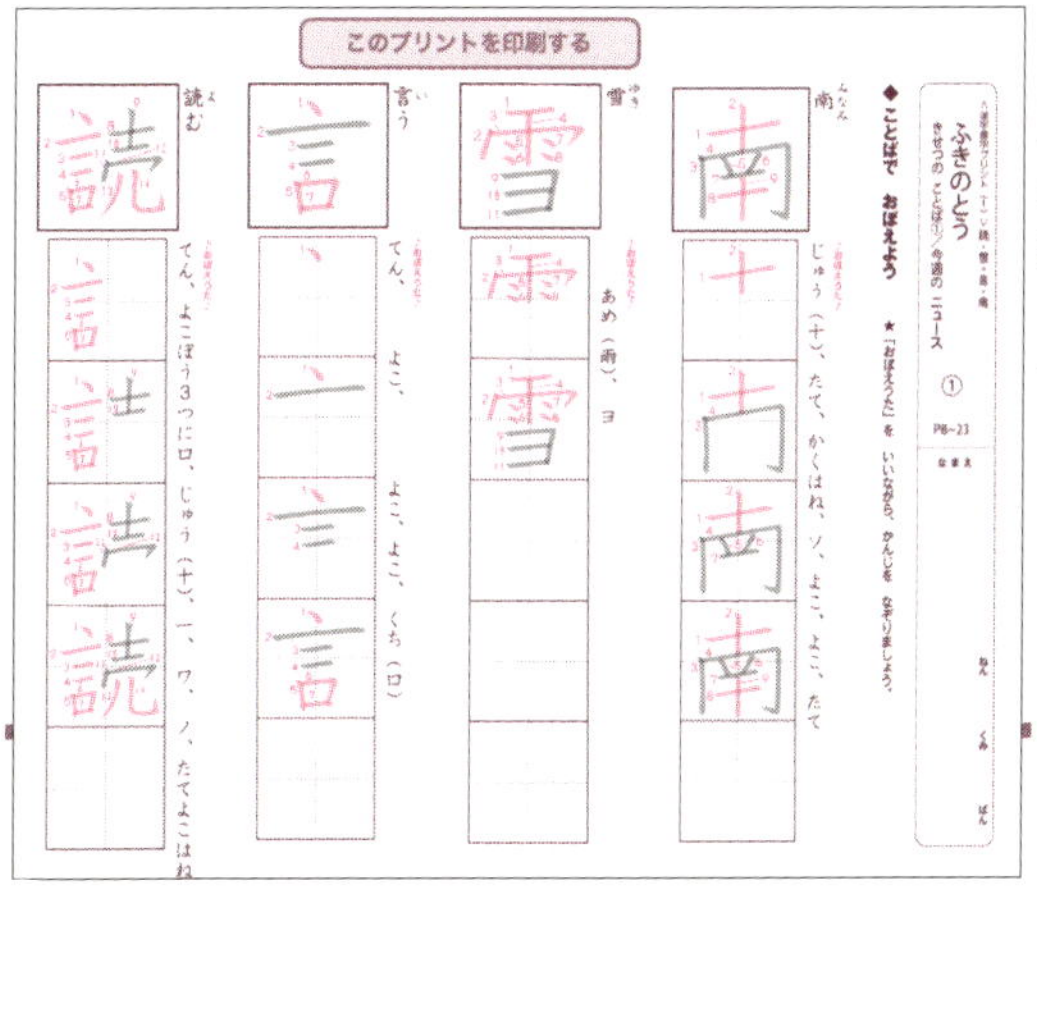
このプリントを印刷する

ふきのとう
きせつの ことば①／今週の ニュース
① P8〜23
なまえ
ねん くみ ばん

◆ことばで おぼえよう
★「おぼえうた」を いいながら、かんじを なぞりましょう。

南《みなみ》 じゅう（十）、たて、かくはね、ソ、よこ、よこ、たて

雪《ゆき》 あめ（雨）、ヨ

言《い》う てん、よこ、よこ、よこ、くち（口）

読《よ》む てん、よこぼう3つに口、じゅう（十）、一、ワ、ノ、たてよこはね

スマイル式 プレ漢字プリント（69ページ参照）の漢字の書き方の支援教材には、おぼえうたが入っているものがある

読み書き支援 ⑨

反対語や擬態語、感情表現をゲームで覚える

この弱さのサポートに

音韻	視覚
聴覚	記憶
論理	語彙
部品	ほか

やり方

反対語や擬態語、感情表現など、子どもが読み書きや会話でうまく使えていない単語を、カードに書き出します。そのカードを使ってカルタやゲームを楽しみながら、単語の読み方や意味を確認します。

1枚にひとつの単語を書く。その反対語を聞いたりする

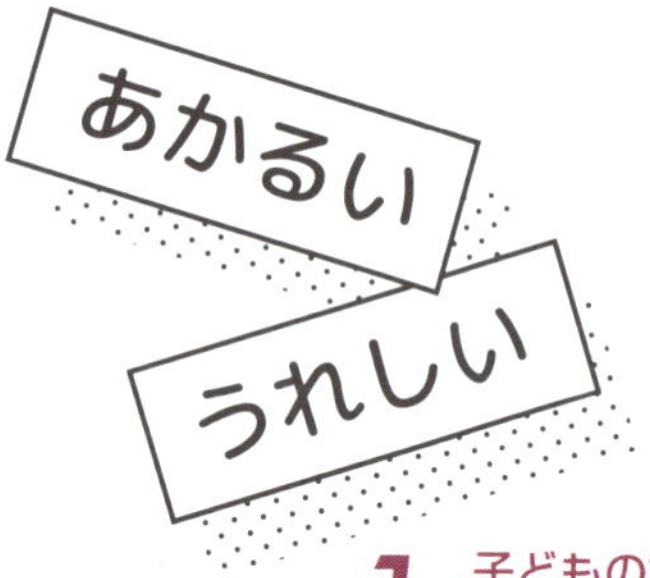

1 子どもの語彙がなかなか増えないときには、その子が読み書きでつまずきやすい単語を把握し、それをカード化する。子どもが日頃、以下のような言葉を読みとばしていたり、うまく使えていないときには、支援にとり入れてみるとよい。

反対語

- 明るい・暗い
- うれしい・悲しい
- 高い・低い
- 押す・引く
- おぼえる・わすれる
- 立つ・すわる
- 新しい・古い
- 暑い・寒い

反対語を学習しても、読み書きのときにうまく使えない子がいる

擬態語

- ゲラゲラ
- ホロホロ
- たっぷり
- ピョン
- ピカピカ
- クネクネ
- ふんわり
- にっこり

文章に擬態語が出てきたとき、そのニュアンスをうまくつかめない子がいる

感情表現

- さびしい
- くやしい
- ドキドキ
- ビクビク
- ワクワク
- メソメソ
- うれしい
- つらい

気持ちを表す言葉が理解できていないために、読み書きでミスが出る子がいる

※上記の3種類以外でも、たとえば「動詞の区別」や「てにをはの使い分け」など、子どもが苦手としていることがあれば、同様の手法でサポートできます。

3 子どもの理解度や言葉の種類に合わせてルールを調整する。「カードの反対語を言う」「カードの言葉を使って短い文章をつくる」などのルールもよい。また、イラストを用意して「この気持ちを表す言葉は?」と問いかけ、カードを選んでもらう遊びもできる。

2 ゲーム形式の場合、カードを裏返して積み重ね、親子で交互に1枚ずつ引いて、その読み方や意味を言う。カルタ形式の場合には、カードを並べて親が読み方や意味を言い、子どもにカードをとってもらう。

いろいろなカードをつくって、親が「反対は?」「文章をつくって」「似ている言葉は?」など、さまざまな質問をする

アレンジアイデア

文章単位で穴埋めクイズ

「友達が（ ）笑った」「試合に負けて（ ）」など、穴のあいた文章を用意し、そこに入るカードを選んでもらうのもよいでしょう。文章だけでは難しい場合、イラストや写真を視覚的な手がかりとします。

子どもが穴に当てはまるカードを選び、読み上げる

子どもが問題をつくり、親に対して出題するのもよい

効果

読み書きが苦手な子は文章にふれる機会が減り、語彙が乏しくなることがあります。ゲームやカルタに言葉の意味を確認する作業を組みこむことで、語彙を増やすことができます。視覚や聴覚など、子どもの弱い部分に配慮してルールを変更できるのがポイントです。

読み書き支援
⑩

補助線などを使って課題の難易度を下げる

この弱さのサポートに

音韻	視覚
聴覚	記憶
論理	語彙
部品	ほか

やり方

文字や記号などの位置関係がつかめず、読み書きに支障が出ている場合には、親が教材に補助線を入れて、読み書きしやすくしましょう。子どもはその状態でまず読み書きに慣れ、そして徐々に補助線の使い方を身につけていきます。

1 字を書くときのバランス、読むときの文節の区切り、計算するときの桁《けた》など、子どもが読みとれずに困っているポイントを、親が理解する。そして、そのポイントが見分けやすくなるように補助線を入れる。専門家の助言を参考にするとよい。

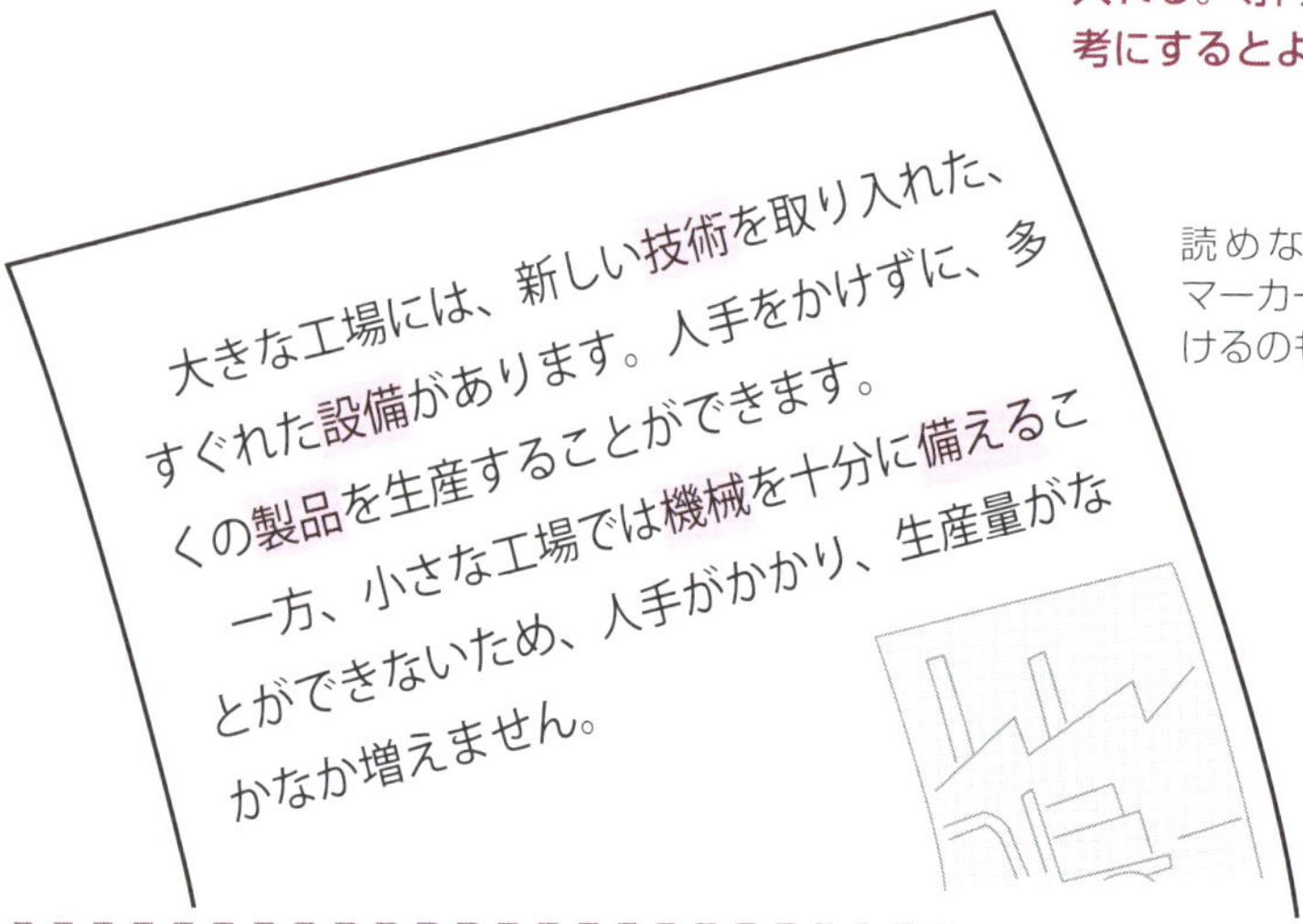

大きな工場には、新しい技術を取り入れた、
すぐれた設備があります。人手をかけずに、多
くの製品を生産することができます。
一方、小さな工場では機械を十分に備えるこ
とができないため、人手がかかり、生産量がな
かなか増えません。

読めない単語にマーカーで印をつけるのもよい

アレンジアイデア

補助の仕方はさまざま

文章

かなと漢字の文章では、読みにくい漢字を補うのが効果的。漢字の単語にマーカーを引き、単語の読み方を補う支援⑤や⑥を組み合わせる

ひらがなの文章

単語をまとまりとして読むのが難しい場合には、単語にマーカーを引いて目立たせるとよい。また、文節の区切りがわからない子には、文節ごとに「／」を書き入れたり、文節に空白を入れて印刷しなおしたりする

2 補助線を入れたからといって、最初からうまくいくとはかぎらない。子どもがまたミスをしてしまったら、親が補助線の入れ方を調整する。補助線を増やす、線に色をつける、別の方法に変えるなど、いろいろと試してみる。

努力してもうまくいかなかったことが、できるようになっていく。子どもの学習意欲が回復する

効果

遊びなどを活用して読み書きのスキルを上げることと並行して、読み書きしやすい環境や状態をつくることも大切です。補助線を入れるのはそのためで、支援によって読み書きに慣れてもミスしやすいところがあれば、線を引いたり色をつけたりして補います。

3 補助線の入れ方が子どもに合った形になれば、その子は苦手な読み書きで成功体験を積み重ねることができる。また、自分にはどのような補助線が必要か、少しずつ理解していくこともできる。

九九

聴覚認知が弱い子は、九九を覚えるのが難しい場合が多い。補助教材として九九表を貼り出し、みながら覚えるようにしたほうがよい

グラフ

算数などのグラフがうまく読みとれない子もいる。定規を使ってたて軸・横軸を書き足し、読み間違いが出にくいようにするとよい

算数などの文章問題

文章問題を計算式に置き換えるのが苦手な子もいる。問題文の下に図を書いて「合計」「○○の数」などを記入し、内容を整理する方法を教えるとよい

計算のくり上がり

筆算のときにくり上がりを間違えやすい子には、桁を示す補助線を引いたり、くり上がり・くり下がりも小さく記入したりすることを教える

読み書き支援
⑪

長い文章を読むときは、写真をヒントに

この弱さのサポートに

音韻	**視覚**
聴覚	記憶
論理	語彙
部品	ほか

やり方

文章を読む前に、その文章に関連する写真やイラスト、動画などを使って、親子で会話をします。親が事前に文章に目を通しておき、その内容に関連したことを子どもに話しかけたり、聞いたりしましょう。

1 子どもが翌日の授業で読むことになる文章や、宿題に登場している文章を、教材として使う。

パソコンやタブレット機器を使ってインターネットで画像を検索すれば、必要な写真を手軽にみつけられる

2 親がまず文章を読む。そして関連する写真やイラストなどを探す。文中の重要な単語を説明できるような写真だと使いやすい。

工場では
こんなふうに
「大量生産」して
いるのね

3 写真などの資料をみつけたら、それを子どもにみせながら、文章の内容にそって会話をする。途中で該当の文章をみせたり、文中に登場する単語をカードにして示したりするのもよい。

「製品の大量生産」を説明している文章なら、工場や職員、製品の製造ラインの写真などをみせながら話す

効果

文章を読む前に、その内容をおおまかにでも把握しておけば、文章全体が読みやすくなります。すぐには読めない単語があっても、前後の文脈から情報を補い、読むことができたりします。文章のつながりにも意識が向きやすくなります。

アレンジアイデア

イラストやマンガで感情表現

感情表現がなかなか理解できず、文章を読みこなせない子には、イラストやマンガなどを使って、人物の感情表現のパターンをみせましょう。さまざまな場面のイラスト類が「ソーシャルスキル」を学ぶ教材として、市販されています。

「体がぶつかってケンカになる場面」などの例をマンガでみて、そのときにふさわしい感情を文字で書いてみる

読み書き支援 ⑫

木や家をイメージして文章を理解する

やり方

短い文章を読み、文と文のつながりを意識して、順番を整えます。最初は短い一文を3つほど使って、そのつながりを考えてみましょう。その後、扱う文章を徐々に長くしていきます。

1 例題として使う文章を用意する。短文3つ程度で構成されているものがよい。最初は時系列に並んでいる、読みやすい文章を使う。文章は親がつくっても、教科書などから抜き出してもよい。その文章の内容や順序などに関する問題もつくる。

教科書の文章で、読みこなせなかったものを例題として使ってもよい

文章と問題の例

今日はとても寒いと母が言っていた。だから、マフラーを巻いて学校へ行った。そうしたら、通学中は暖かかった。

問題1 母はなんと言っていましたか?

問題2 マフラーを巻いたのはなぜですか?

問題3 マフラーを巻いたら、どうなりましたか?

2 子どもに文章を読ませて、その内容について、質問する。意味を聞く問題、出来事の原因を聞く問題、結果を聞く問題を出す。

この弱さのサポートに

音韻	視覚
聴覚	記憶
論理	語彙
部品	ほか

木の図を使って文章を整理するのもよい。文章をいくつかに分け、話の順序にそって上から下への流れで貼り出す。文章を「はじめに（序論）」「本文（本論）」「おわりに（結論）」の３種に分けられれば、より深く理解できる

3 短い文章を読みとれるようになってきたら、より長い文章の順番を整理することにもチャレンジ。頭のなかで整理するのは難しいので、木や家の図を書いて、そこにメモを書きながら考えるとよい。

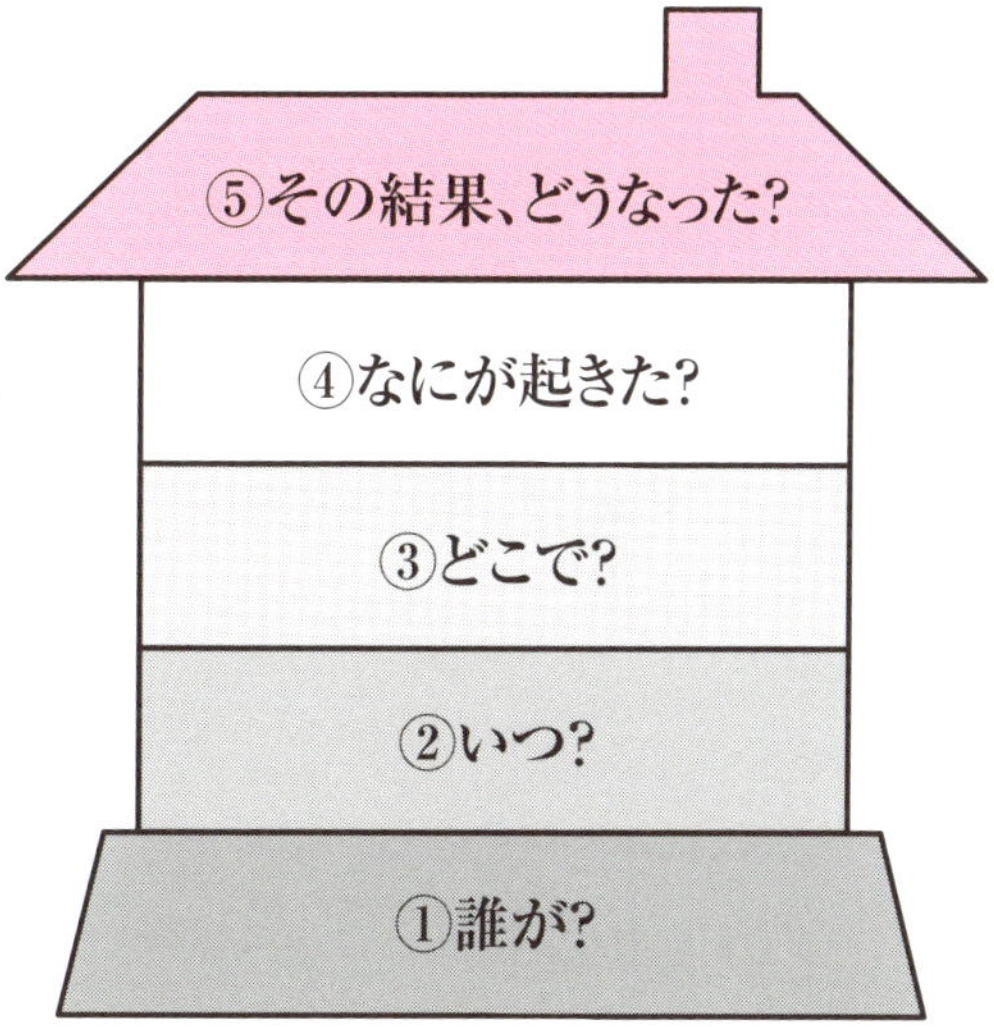
⑤その結果、どうなった?
④なにが起きた?
③どこで?
②いつ?
①誰が?

物語を読むときには、家の図を使うとよい。「誰が」「いつ」などの基礎知識を土台にして、家を組み立てるような形でそのほかの情報を積み重ねていくと、文章の構造や順序がわかりやすくなる

効果

さまざまな方法で文章を整理できるようになります。論理的思考力が弱い子どもに、とくに役立つ方法です。最初のうちは親が一部を記入したりして、文章中の「原因」や「結果」を読みとるコツを示すとよいでしょう。

アレンジアイデア
「だから・なぜならシート」を使う

原因と結果は、「だから」「なぜなら」という言葉でつなげば、どちらを先にしても文章がつくれます。そのような考え方を「可逆思考《かぎゃくしこう》」といいますが、それが読み書きの苦手な子にはなかなかできません。記入式のシートを使って、因果関係を教えましょう。

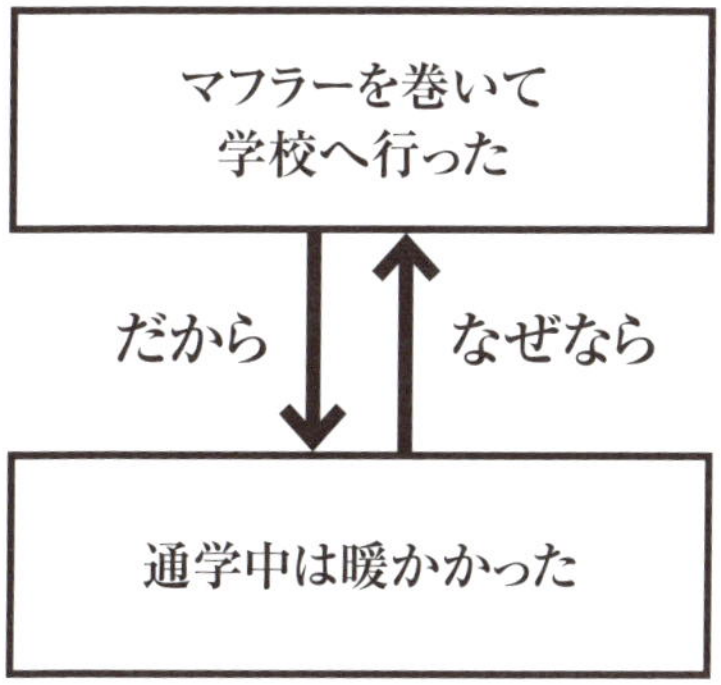
マフラーを巻いて
学校へ行った
だから
なぜなら
通学中は暖かかった

COLUMN

スマホやタブレットの活用法

教材の種類を簡単に増やせる

本書では読み書き支援に、単語を書いたカードや、イラスト、写真、無料ソフトなどさまざまな教材を使うことを紹介しています。

文字を読み書きするだけでは難しい子には、そのほかの教材を使って、別の方法で読み書きを体験してもらうことが重要です。

それらの教材を準備するときに、スマホ（スマートフォン）やタブレット機器が役立ちます。無料ソフトに、スマホやタブレットで操作できるものがあります。

また、イラストや写真はインターネットで検索すれば手軽に用意できます。単語カードをつくるときにも、スマホなどにデータを残しておき、文字だけ書き換えて印刷すれば、扱う単語のバリエーションをすぐに増やせます。

読み書きを補うツールにもなる

スマホやタブレットには、文字を読み上げる機能や、音声で文字入力をする機能がついているものもあります。

通常の支援だけでは読んだり書いたりするのが難しい内容については、それらの機能で理解を補いながら、読み書きを進めるのもよいでしょう。

教材をつくる
単語やイラストなどを表示したり、印刷したりする作業が手軽にできる

サポートのツールに
読み書きを補助する機能がついているものもある。複雑な内容を理解するときに役立つ

調べ物をする
文章を読んでも理解しきれないことを、よりくわしく調べるときに使える

■監修者プロフィール

小池 敏英（こいけ・としひで）

尚絅学院大学総合人間科学系教授。博士（教育学）。1976年、東京学芸大学教育学部を卒業。同大学大学院教育学研究科修士課程、東北大学教育学研究科博士課程を修了。東京学芸大学総合教育科学系特別支援科学講座をへて、2019年より現職。

専門はLDの子の認知評価と学習支援、発達障害の子や重症心身障害の子のコミュニケーション支援。読み書きが苦手な子の相談を受け、支援を実践している。LD、ディスレクシアに関する研修や講演で講師を務めることが多い。

主な書籍に『"遊び活用型"読み書き支援プログラム 学習評価と教材作成ソフトに基づく統合的支援の展開』（図書文化社、共編著）など。

■参考資料

【本・冊子】

上野一彦監修『LD（学習障害）のすべてがわかる本』（講談社）

小池敏英／雲井未歓編著『"遊び活用型" 読み書き支援プログラム 学習評価と教材作成ソフトに基づく統合的支援の展開』（図書文化社）

サリー・シェイウィッツ著、藤田あきよ訳、加藤醇子医学監修『読み書き障害（ディスレクシア）のすべて 頭はいいのに、本が読めない』（PHP 研究所）

マーガレット・J・スノウリング著、加藤醇子／宇野彰監訳、紅葉誠一翻訳『ディスレクシア 読み書きのLD―親と専門家のためのガイド』（東京書籍）

「読み書き学習支援の実際とポイント タブレット端末の活用に基づく指導」（東京学芸大学附属特別支援学校・東京学芸大学教育学部特別支援科学講座・東京学芸大学教育実践研究支援センター）

【DVD】

上野一彦総監修、小池敏英原案監修「LD・ADHD・高機能自閉症等の理解と支援 vol.3 読むこと・書くことに困難のある子どもへの理解と支援」（医学映像教育センター）

上野一彦総監修、小池敏英原案監修「LD・ADHD・高機能自閉症等の理解と支援 vol.4 聞く・話す・算数に困難のある子どもへの理解と支援」（医学映像教育センター）

●編集協力　オフィス201（石川 智）

●カバーデザイン　松本 桂

●カバーイラスト　長谷川貴子

●本文デザイン　勝木デザイン

●本文イラスト　後藤 繭

健康ライブラリー イラスト版

LDの子《こ》の読《よ》み書《か》き支《し》援《えん》がわかる本《ほん》

2016年9月12日 第1刷発行

2025年2月14日 第9刷発行

監 修	小池敏英（こいけ・としひで）
発行者	篠木和久
発行所	株式会社講談社 東京都文京区音羽二丁目12-21 郵便番号 112-8001 電話番号 編集 03-5395-3560 販売 03-5395-5817 業務 03-5395-3615
印刷所	TOPPAN株式会社
製本所	株式会社若林製本工場

N.D.C. 493 98p 21cm

KODANSHA

ISBN978-4-06-259807-1

講談社　健康ライブラリー

発達障害の子の立ち直り力「レジリエンス」を育てる本

藤野　博、日戸由刈　監修

失敗に傷つき落ちこんでしまう子供達。自尊心を高めるだけではうまくいかない。これからの療育に不可欠なレジリエンスの育て方。

ISBN978-4-06-259694-7

発達障害の子の脳を育てる運動遊び
柳沢運動プログラムを活用して

発達障害児支援室こどもプラス代表
柳澤弘樹　監修

発達のかたよりが改善する！　と評判の運動プログラム。家庭で取り組むコツから特性に合った運動の選び方までイラストで紹介。

ISBN978-4-06-259692-3

ＤＣＤ　発達性協調運動障害
不器用すぎる子どもを支えるヒント

青山学院大学教授・小児精神科医
古荘純一　著

なわとびがとべない、逆上がりができない……
幼児期の「極端なぎこちなさ」に気づいてほしい。

ISBN978-4-06-531685-6

学習障害（ＬＤ）がわかる本
気づいて、支えるために

信州大学学術研究所（教育学系）教授
高橋知音　監修

うまく読めない、書けない、計算できない……
学校と家庭でのサポート、接し方を徹底解説！

ISBN978-4-06-537609-6

発達障害の子の感覚遊び・運動遊び
感覚統合をいかし、適応力を育てよう　1

作業療法士
木村　順　監修

子どもをすくすく成長させる15の「遊び」を厳選紹介。楽しみながら全身を使い、感覚の働かせ方、体の動かし方を学んでいこう！

ISBN978-4-06-259654-1

15歳までに始めたい！　発達障害の子のライフスキル・トレーニング

早稲田大学教育・総合科学学術院教授
梅永雄二　監修

健康管理、進路選択、対人関係など、10種類の生活面のスキルの磨き方。大人になってから困らないために、今から取り組もう！

ISBN978-4-06-259698-5

ＡＤＨＤの子の育て方のコツがわかる本

本田秀夫、日戸由刈　監修

子ども本来の積極性や明るいキャラクターをのびのびと育てるコツは「こまかいことを気にしない」こと！

ISBN978-4-06-259862-0

子どものトラウマがよくわかる本

こころとからだ・光の花クリニック院長
白川美也子　監修

虐待、性被害、いじめ……過酷な体験が心に傷を残す。
子どものトラウマの特徴から支援法まで徹底解説！

ISBN978-4-06-520432-0